CÉLESTIN PORT

1828 - 1901

EUGÈNE LELONG

CÉLESTIN PORT

1828 - 1901

ANGERS

GERMAIN & G. GRASSIN, IMPRIMEURS-LIBRAIRES

40, rue du Cornet et rue Saint-Laud

1902

CÉLESTIN PORT

1828 - 1901

I

Le 21 décembre 1853, un arrêté du préfet, M. Vallon, nommait archiviste du département de Maine-et-Loire M. Célestin Port, ancien élève de l'École des chartes, en remplacement de M. Paul Marchegay, démissionnaire. Quelques jours après, le 4 janvier 1854, le nouvel archiviste venait prendre possession de son poste : il devait l'occuper pendant quarante-sept ans, au grand honneur de son nom, au grand profit aussi du département qui venait de lui confier la garde de ses archives.

Le jeune érudit sur qui s'était porté le choix du préfet de Maine-et-Loire avait à peine vingt-six ans ; mais déjà des succès de collège et d'École des chartes, quelques heureux essais littéraires, la récompense que l'Académie des inscriptions et belles-lettres avait décernée à sa thèse de sortie de l'École des chartes, une collaboration de plus de deux années à la continuation des *Diplomata*, à laquelle son ancien professeur, Benjamin Guérard, l'avait fait attacher, avaient fait concevoir de lui, à ses camarades et à ses maîtres, les plus belles espérances. « Par son amour de l'étude, écrivait Guérard, M. Port me paraît appelé à de grands succès dans la carrière des lettres. »

Il était né à Paris, le 28 mai 1828, au cœur même de la Cité. Son père, d'origine auvergnate, exerçait un commerce de parapluies. Il avait deux magasins de vente, situés l'un rue de Richelieu, l'autre rue de la Barillerie. C'est dans cette dernière maison, à quelques pas de la voûte du Palais de Justice qui donne accès à la cour de la Sainte-Chapelle, que Célestin Port avait grandi. De la boutique paternelle, il regardait à journées entières défiler sous la voûte du Palais magistrats, avocats, prisonniers, plaideurs. De ces années d'enfance, il avait conservé, comme plus vivaces souvenirs, d'abord celui d'une enseigne voisine, *Aux forges de Vulcain*[1], puis celui de Vidocq, le fameux chef de la police, que tant de fois il avait vu sortir du Palais en ses multiples déguisements. Ces spectacles de la rue ont dû contribuer à développer chez lui le sentiment du pittoresque, qu'il a su traduire dans ses descriptions et dans ses récits en traits nets et précis, à la manière d'un aquafortiste familier avec l'œuvre de Callot. D'un autre côté, le goût de l'art idéal, du paysage poétique, lui était inspiré par de fréquentes échappées dans l'atelier du grand peintre Corot, installé tout près de la maison paternelle, dans les restes d'une des dix-sept églises de la Cité.

Célestin Port fréquenta d'abord une petite école du quai des Orfèvres, celle du « père Daix », où l'on voyait encore, a dit M. Jules Lair, dans la délicate notice qu'il a consacrée à son prédécesseur à l'Académie des inscriptions et belles-lettres, « l'appareil redoutable de l'ancienne pédagogie, la férule et le martinet ». Un peu plus tard, il fut mis par ses parents à l'institution Brion, située rue des Fossés-Saint-Jacques, qui conduisait ses élèves au lycée Louis-le-Grand. C'était l'âge des fortes études classiques :

[1] L'enseigne existe encore. Elle a été transportée, après la démolition de la rue de la Barillerie, au coin de la rue Saint-Denis et de la rue Jean-Lantier.

celles de Port furent excellentes. Il devint et demeura toute sa vie un très bon latiniste : volontiers il aimait à rappeler qu'il avait excellé en vers latins.

Le palmarès de 1846 atteste les succès qu'il obtint au Concours général, à la fin de sa rhétorique, où il eut pour professeurs Lemaire et Despois[1] : c'était le quatrième accessit de discours français, le septième accessit de discours latin. Ce concours fut, du reste, un triomphe pour la pension Brion : un des camarades de Port, J.-J. Weiss, y obtint le second prix de discours français et le huitième accessit de discours latin. Un interne, Émile Belot, le futur doyen de la Faculté des lettres de Lyon, remportait le second prix de discours latin. Parmi ses autres condisciples, externes ou pensionnaires, dont les noms figurent au palmarès du lycée Louis-le-Grand, je relève, en cette même année 1846, plusieurs futurs professeurs, Eugène Réaume, Hermile Reynald, Eugène Jung, Dionys Ordinaire, Frédéric Soehnée, Eugène Bellin, Moron — ces deux derniers, dix ans plus tard, professeurs au lycée d'Angers ; un avocat, Oscar Falateuf; des magistrats, Léon Fleury, Élie Paillet, le bibliophile; Paul Dupré, aujourd'hui conseiller à la Cour de cassation, Gustave Vattier, littérateur aimable, et Anatole Delabarre, qui devaient se retrouver tous les trois au Conseil d'État, l'un conseiller, l'autre bibliothécaire, le dernier secrétaire de section ; Borromée, chef de bureau au Ministère des finances, puis caissier de la Monnaie; deux futurs ministres, Pierrot-Deseilligny et Bérenger; Achille Adam, député du Pas-de-Calais; enfin, trois camarades qui, comme lui, devaient entrer à l'École des chartes, Chazaud, Gros-Burdet et Servois.

En 1847, dans la classe de philosophie que professait Amédée Jacques, Weiss remportait le prix d'honneur au

[1] « Bon élève, dit une note de Despois. Lui et Weiss sont les deux nouveaux dont je suis le plus content. »

Concours général, et Port obtenait, au lycée même, un certain nombre de nominations. L'année suivante, pensant à l'École normale, il faisait une seconde rhétorique sous Feugère et Deschanel, avec Edmond Villetard, Léonce Grenier, le futur proviseur de Henri IV, Grücker, Félix Delore, Claude Desprez et Charles Letourneur. Les hasards de la vie devaient lui faire retrouver les deux derniers en Anjou, l'un professeur au lycée d'Angers, l'autre avoué à Baugé. A la fin de l'année, il obtenait le premier prix de vers latins. En 1850, le diplôme de licencié ès lettres couronnait brillamment ses études littéraires.

Abandonnant la préparation à l'École normale, Célestin Port était entré, au mois de novembre 1848, à l'École des chartes, que l'ordonnance du 31 décembre 1846 venait de réorganiser. Il y eut pour professeurs : Guérard, Lacabane, Jules Quicherat, Mas Latrie, Guessard, Eugène de Rozière et Vallet (de Viriville). Il conserva avec la plupart de ses maîtres les plus affectueuses relations. Guérard, directeur de l'École, le fit attacher, ses études terminées, aux travaux de l'Institut ; Vallet (de Viriville) l'associa à la rédaction de la *Nouvelle biographie générale*, et Eugène de Rozière, devenu inspecteur général des Archives, fut toujours pour Célestin Port, et particulièrement dans les jours difficiles où celui-ci eut à lutter contre le mauvais vouloir et l'esprit borné du Bureau des Archives, le soutien le plus ferme et le conseiller le plus prudent. Quant à Quicherat, qui n'a jamais passé pour avoir abusé de la note tendre, son abondante correspondance avec celui qui demeura jusqu'au dernier jour un de ses disciples préférés, débute presque invariablement par ces mots : « Mon cher fils », et c'est avec raison que M. Jules Lair a écrit : « Il n'est pas de meilleure note pour l'archiviste de Maine-et-Loire que d'avoir mérité l'affection persistante, quasi paternelle, d'un homme qui ne se prodiguait pas. » Par deux fois, Quicherat eut la pensée de faire confier à Célestin Port une des chaires de l'École des chartes. Ses efforts n'aboutirent pas : ce fut Montaiglon d'abord, puis Boutaric, qui furent nommés aux chaires vacantes, et, lorsque, après 1871, Quicherat, devenu directeur de l'École, se fût trouvé en situation de servir plus efficacement son ancien élève, celui-ci était engagé à Angers dans une entreprise qui ne lui permettait plus de songer à un retour à Paris. Si honorables que fussent les ambitions de Quicherat pour celui qui en était l'objet, les Angevins et tous les amis de Port ne peuvent vraiment regretter que les circonstances aient fait échouer des projets qui eussent arraché l'archiviste de Maine-et-Loire au grand travail qui, en définitive, conservera son nom dans la mémoire des hommes.

Célestin Port sortit de l'École des chartes le 16 novembre 1852. Ses camarades de promotion étaient : La Borderie, le futur historien de la Bretagne, qui, comme lui, membre libre de l'Académie des inscriptions, devait le précéder de quelques jours seulement dans la tombe; Louis Passy, le seul survivant de la promotion, devenu également leur confrère à l'Académie des sciences morales et politiques, et à qui l'agriculture et la politique ne devaient pas faire oublier complètement l'érudition et l'histoire ; puis Auger, mort conseiller à la Cour de cassation, après avoir été procureur général à Angers ; Mabille, employé au département des manuscrits de la Bibliothèque nationale, éditeur, avec Marchegay, des *Chroniques des comtes d'Anjou* et *des Chroniques des églises d'Anjou ;* Pécantin, archiviste de Lot-et-Garonne, puis sous-chef du bureau des Archives au Ministère de l'intérieur; Baudouin et Chazaud, archivistes, le premier de la Haute-Garonne, le second de l'Allier ; Dupont, chef de la section du secrétariat aux Archives nationales ; enfin, Cocheris, conservateur à la Bibliothèque Mazarine et, en dernier lieu, inspecteur général de l'enseignement primaire.

Classé second à la fin de la première année, et quatrième

à la fin de la seconde, Célestin Port n'avait obtenu dans le classement de sortie que le sixième rang, entre Pécantin et Baudouin. Sa thèse cependant, présentée en manuscrit, comme le sont encore les thèses de l'École des chartes, avait été remarquée de ses juges et, l'année suivante, elle obtenait à l'Académie des inscriptions la troisième médaille au concours des Antiquités de la France. Port avait choisi pour sujet l'histoire du commerce maritime de Narbonne. Sans avoir visité cette ville, — il ne devait jamais la voir, — il sut habilement démêler, par l'étude des documents manuscrits réunis à la Bibliothèque nationale, dans la collection Doat, et par l'examen des anciennes cartes de la région, les causes de la prospérité du commerce de Narbonne dans l'antiquité et pendant les premiers siècles du moyen âge, puis celles de sa décadence, rendue définitive par la rupture des digues de l'Aude et par le changement du cours du fleuve au commencement du XIVe siècle. Il traça de ce commerce, des marchés où il s'alimentait, de ses débouchés, des industries exercées dans la région, du rôle des consuls de Narbonne et de celui des consuls d'outre mer un tableau à la fois sobre et complet, propre à satisfaire les juges les plus difficiles. Le rapporteur de la Commission des Antiquités nationales, M. Berger de Xivrey, loua dans le mémoire de Célestin Port le choix d' « un sujet plein d'intérêt, non seulement pour la ville de Narbonne, mais pour toute cette partie du Midi », et traité par l'auteur « avec autant d'érudition que de critique et de goût ».

Quelques mois plus tard, Célestin Port faisait imprimer son mémoire à Angers, et son avant-propos, daté du 1er avril 1854, est à la fois un adieu à ces études d'histoire économique et une promesse de se dévouer tout entier à des travaux d'histoire angevine :

« Ce Mémoire n'est qu'une thèse d'école. L'honneur qui lui arrive ne le rend pas si vain que de se croire un livre. Tel qu'il est, pourtant, il peut être utile aux personnes qui prennent intérêt à cette partie de notre histoire, si féconde, si pleine d'enseignements, et pourtant tellement délaissée qu'à cette heure encore il me serait difficile de citer un autre travail du même genre. J'aurais du moins voulu rendre le mien moins incomplet qu'il ne me semble, mais mes devoirs sont changés. Je l'achevais à Paris, je l'imprime à Angers, au centre de richesses enviées et d'études nouvelles, ayant, nouveau venu, des traditions de travail à suivre et une dette d'honneur à acquitter pour reconnaître dignement l'accueil bienveillant qui m'a partout accueilli. »

Le livre imprimé, il lui échut une bonne fortune qui est, je crois, peu connue. Weiss, l'ancien camarade de Louis-le-Grand et de la pension Brion, lui consacra un compte-rendu dans le Bulletin littéraire de la *Revue contemporaine*[1]. Il suffirait sans doute d'y renvoyer, mais la page est si jolie et en même temps si ignorée — je ne sais si Port lui-même s'en souvenait — qu'aucun des lecteurs de la *Revue de l'Anjou* ne me saura, j'imagine, mauvais gré, l'ayant découverte par hasard, de la transcrire ici :

« L'*Histoire du commerce maritime de Narbonne*, par M. C. Port, n'est qu'un petit volume : il n'a pas plus de deux cents pages. Mais si l'on en retranche, çà et là, quelques phrases obscures et quelques aspérités de style, c'est un chef-d'œuvre d'érudition sûre et discrète. On ne saurait trop en recommander la lecture à ceux qui veulent apprendre à bien traiter les monographies d'histoire locale. M. Port est Parisien, et c'est de Paris qu'il a décrit Narbonne et son commerce. N'en soyons pas trop étonnés : d'Anville, sans sortir de chez lui, déterminait la distance exacte qui séparait

[1] Numéro du 31 mai 1856, p. 738. — La Commission archéologique de Narbonne lui écrivait de son côté : « Nous étions loin de croire que l'on pût se procurer ailleurs que dans les archives de notre hôtel de ville les documents que vous avez mis en œuvre avec tant de méthode, de charme et de lucidité. Votre ouvrage, véritable ouvrage de bénédictin, prouve le contraire. Nous n'avons que des félicitations et des remercîments à vous adresser : des félicitations, car votre ouvrage ne laisse rien à désirer; des remerciements, car vous venez de donner à notre cité une nouvelle illustration ».

une ville moldave d'une ville bulgare ; les indigènes les plus instruits ne s'en faisaient une idée juste que par ses ouvrages ; c'est avec ses Mémoires sur l'Égypte que les voyageurs occidentaux ont depuis découvert l'Égypte. Paris est, en effet, la ville du monde où l'on est le mieux placé pour parler de tout sciemment : c'est à peine si elle soupçonne elle-même tout ce qu'elle possède de trésors dans ses bibliothèques, et il n'y a rien d'invraisemblable à cette anecdote d'un historien célèbre de notre temps qui serait allé chercher à Simancas, en Espagne, des pièces qu'on n'y avait plus et qu'il aurait ensuite retrouvées dans le dépôt même confié à sa surveillance. M. Port possède certainement la topographie de Narbonne aussi bien que les Narbonais ; il possède mieux son histoire. Que d'in-folios feuilletés par lui ! que de lectures pour éclairer un seul point ! Mais aussi comme la lumière qu'il y répand rayonne ensuite sur l'histoire générale ! Ce tableau de la splendeur commerciale de Narbonne du XIIe au XIVe siècle nous mène dans la plupart des grandes villes maritimes du moyen âge ; mais, remarquons-le, il nous y mène sans nous faire oublier Narbonne, et c'est là le grand art. Tout ce que nous entrevoyons, chemin faisant, de l'état de l'Angleterre, de Chypre, de Rhodes, de Constantinople, nous ne l'apprenons ni par surcroit ni par digression ; Narbonne reste le miroir où vient se refléter tout le reste. Sa grandeur et sa décadence sont un drame ; le principal acteur est un petit fleuve, l'Aude, qui, en coulant à travers la ville, a été pour elle une source de richesses ; qui, en se retirant, a causé sa ruine ; le nœud de l'action est une digue, par laquelle les habitants, au siècle d'Antonin, détournèrent l'Aude de son ancien lit, où il rentra pour n'en plus sortir en 1320, lorsque la digue, minée depuis des siècles et jamais réparée, eut été brisée par l'action lente des eaux. C'est ce fleuve dont M. Port suit les destinées avec une attention minutieuse. On le voit d'abord divisé en deux bras, et, comme de plus grandes choses en ce monde, impuissant parce qu'il est divisé. Puis il tourne vers un seul but tout l'effort de ses eaux. Il coule abondant et réglé ; il porte la fortune de Narbonne. Puis il a ses caprices et ses fureurs intermittentes ; puis, s'encourageant à l'audace, il renverse ses barrières, il inonde les campagnes, il les désole ; il devient marais croupissant et il enfante des fièvres ; il exhale de toutes parts la mort, comme il répandait partout la vie. La petite chose, direz-vous, que l'histoire d'un fleuve ! Oui, mais sur ses bords des Juifs proscrits établissent leurs comptoirs, et vous y suivez les vicissitudes singulières d'une république lillipu-tienne qui, jusqu'en 1306, garde ses coutumes, ses mœurs et jusqu'à son roi, vassal dédaigné du roi de France, mais d'autant plus indépendant qu'il est plus dédaigné. Des corsaires infestent les parages où le fleuve a son embouchure. Vingt nations envoient dans son port les marchandises de leur pays, et, à mesure que les matelots débarquent sous la surveillance et la protection de leurs consuls, nous apprenons à connaître leur luxe, leurs besoins et leurs lois. Dans l'intérieur de la ville, les marchands et les marins veulent réserver tout entier le fleuve à la navigation. Les teinturiers et les tanneurs, cependant, s'en emparent pour leur industrie ; ils y plantent des pieux, y élèvent des palissades, y déversent les impuretés de leur métier, tandis que les communautés religieuses y bâtissent sans scrupule leurs moulins. De là des luttes. De là un de ces tableaux piquants des relations sociales au moyen âge qu'on ne trouve guère dans les historiens. Tout cela s'agite et vit devant nous, non que M. Port soit poète en écrivant l'histoire et qu'il tourmente son imagination pour en tirer des effets violents La vie naît d'elle-même de l'exactitude et du bon choix des détails. L'auteur assemble quelques traits expressifs, et l'esprit du lecteur, mis en mouvement, crée ou devine le reste. »

L'*Essai sur l'histoire du commerce maritime de Narbonne* ne composait pas tout le bagage littéraire du nouvel archiviste de Maine-et-Loire. Sans parler d'un compte rendu de l'ouvrage que Léon Feugère avait consacré à la vie et aux ouvrages de Du Cange [1], simple souvenir d'un élève à son ancien maître, il avait publié, dans la *Bibliothèque de l'École des chartes*, quatre lettres inédites de Corneille au Père Boulart, abbé coadjuteur de Sainte-Geneviève [2], découvertes par lui à la Bibliothèque de Sainte-

[1] *Bibliographie des travaux de Célestin Port*, n° 2.

[2] *Bibliographie...*, n° 3.

Geneviève, et une *Relation d'une chasse du Roi*, pièce inédite de La Fontaine, que lui avait fournie un manuscrit de la Bibliothèque nationale[1]. Les lettres de Corneille ont été reproduites dans l'édition de ses œuvres donnée par Marty-Laveaux dans la collection des grands écrivains de la France. L'attribution à La Fontaine de la *Relation d'une chasse du Roi* a paru sans doute moins assurée, car cette pièce ne figure pas dans l'édition des œuvres de La Fontaine donnée dans la même collection par M. Henri Régnier.

Enfin, Célestin Port avait rédigé, sur l'île de Lesbos, pour la collection de l'*Univers pittoresque*, une notice d'une quarantaine de pages qui a pris place dans le volume des *Iles de la Grèce*[2]. La rédaction de ce volume avait été confiée par la maison Didot à un ancien membre de l'École d'Athènes, Louis Lacroix. Port avait été présenté à celui-ci par un élève de l'École des chartes, Alfred Jacobs, chargé lui-même de la notice sur Samos et qui devait se faire connaître, quelques années plus tard, par la publication d'un bon travail sur la géographie de la Gaule d'après Grégoire de Tours. Ces quelques pages, vivement enlevées, sur une île que Célestin Port n'avait pas plus visitée qu'il ne l'avait fait de Narbonne donnèrent lieu, à quelques années de là, à une assez amusante appréciation. Un jeune normalien, membre de l'École d'Athènes, M. Boutan, au retour d'une mission dans l'île de Lesbos, attribuant de bonne foi à Louis Lacroix le travail de Port[3], attestait la vérité des descriptions et « comme l'on voit bien, disait-il, que l'auteur a su recueillir et raconter des souvenirs personnels de voyage ». Si Port excellait à rendre aussi bien l'impression de paysages qu'il n'avait jamais vus, quelle

[1] *Bibliographie des travaux de Célestin Port*, nº 1.

[2] *Bibliographie...*, nº 5.

[3] La préface du volume indiquait cependant (p. 2) la part de chacun des collaborateurs.

ne devrait pas être plus tard la fidélité de ses tableaux lorsqu'il aurait à décrire les sites de l'Anjou dont de longues courses à pied lui avaient rendu familiers tous les aspects?

Ces premiers essais témoignaient d'aptitudes variées et d'une singulière ouverture d'esprit. Demeuré parisien, Célestin Port eût sans doute appliqué à des sujets très divers sa vive intelligence et sa grande puissance de travail. L'histoire générale était faite pour le tenter. En 1859, il traçait en deux cents pages[1], dans un livre devenu et demeuré justement populaire, l'*Histoire de France, d'après les documents originaux et les monuments de l'art de chaque époque*, de Bordier et Charton, le tableau des faits politiques des règnes de Henri IV, de Louis XIII et de Louis XV. Mais ce fut, en quarante-sept ans, à part la rédaction d'un *Guide* dans ces provinces du Centre auxquelles le rattachaient à la fois son origine et son mariage[2], la seule infidélité qu'il fit aux études angevines. Une fois installé à Angers, il allait désormais se consacrer sans partage à la mise en ordre et en valeur des archives confiées à sa garde et à l'élaboration de l'histoire de la province qui lui était devenue une seconde patrie.

II

Les archives d'abord.

Les archives politiques et administratives de l'Anjou ne pouvaient être bien considérables. La réunion, après la mort du roi René, de la Chambre des comptes d'Angers à la Chambre des comptes de Paris avait eu pour conséquence le transfert à Paris des titres de la Maison d'Anjou et de la

[1] *Bibliographie des travaux de Célestin Port*, n° 28.

[2] *Bibliographie...*, n° 47. — « Remerciez pour moi l'aimable auteur de *Paris à Agen*, écrit George Sand à Adolphe Joanne (29 août 1867). Il a vu en artiste et en ami mon doux pays de la Creuse. Je suis touché de sa sympathie pour Gargilesse et pour moi ».

série, qui remontait au XIIIe siècle, des hommages et des aveux des nombreux fiefs mouvant du duché d'Anjou. D'autre part, si Angers était, en 1789, la capitale de l'Apanage, c'est à Tours, chef-lieu de la Généralité, que se trouvaient les papiers de l'Intendance. Contrairement à ce qui aurait dû se passer, la répartition n'en avait été opérée, en 1790, entre les départements intéressés, que d'une façon très incomplète, et les archives d'Indre-et-Loire avaient retenu nombre de dossiers, particuliers ou collectifs, précieux pour les trois provinces qui composaient la généralité. Les papiers des subdélégués d'Angers, de Saumur, de Baugé et de Montreuil-Bellay, ceux des élections et de quelques autres juridictions ou administrations d'importance secondaire auraient donc constitué à peu près seuls la partie civile des archives de Maine-et-Loire, si les papiers de famille et les titres féodaux séquestrés pendant la Révolution n'y avaient eu une importance tout à fait exceptionnelle, accrue encore, à la veille même de l'arrivée de Célestin Port à Angers, par l'acquisition des dossiers Grille, « collection singulière, œuvre en partie factice d'un amateur favorisé par des circonstances propices, qui a réuni sous des noms, la plupart angevins, tous plus ou moins mêlés à l'histoire de la province, les pièces originales recueillies çà et là et rassemblées dans les vastes recueils qu'il avait pu former à loisir au milieu des préoccupations révolutionnaires »[1].

Fort heureusement, les archives de la préfecture d'Angers rachetaient la pauvreté relative de leurs séries civiles par la richesse exceptionnelle de leurs séries ecclésiastiques, et tout particulièrement par celle des fonds d'abbayes. Tandis que Tours avait vu périr, au cours de la Révolution, la majeure partie des titres vénérables de Saint-Martin, de Saint-Julien et de Marmoutier, le dépôt

[1] Rapport annuel sur les archives de Maine-et-Loire, 1857.

des archives de Maine-et-Loire pouvait offrir à l'œil ravi de son nouvel archiviste la longue suite des chartriers presque intacts de Saint-Florent et de Fontevrault, et si le Chapitre de la Cathédrale avait vu, le 10 frimaire an II, brûler devant le Temple de la Raison le précieux cartulaire appelé le *Livre noir*, si les abbayes angevines de Saint-Aubin, de Saint-Serge, de Saint-Nicolas, de Toussaint, du Ronceray avaient à déplorer la disparition d'une partie de leurs titres, ce qui en subsistait formait encore un ensemble d'un grand intérêt, où abondaient les actes du xe, du xie et du xiie siècle. La vente du cabinet Grille venait d'ailleurs de faire voir que plus d'un document que l'on croyait irrémédiablement perdu avait trouvé asile chez ce zélé collectionneur, qui n'avait eu garde, pendant la tourmente, « de rien laisser échapper de ce que pouvait atteindre une modeste fortune au service d'une science rare et d'une vigilante activité [1] ».

Enfin — et ce ne dut pas être une des moindres émotions ressenties par Port en prenant possession de son dépôt — la masse énorme des documents de la période révolutionnaire se présentait à lui confuse, toute poudreuse, encore inexplorée, mais singulièrement riche en promesses de révélations de tout genre dans un département qui avait été le principal théâtre de l'insurrection vendéenne.

Comme la plupart des archives départementales, les archives de Maine-et-Loire, formées en exécution de la loi du 5 brumaire an V par la concentration au chef-lieu du département des diverses archives réunies d'abord aux chefs-lieux de district, étaient demeurées pendant plus de quarante ans dans un abandon presque complet. D'exacts et fidèles employés — Jubin notamment, le dernier d'entre eux — les avaient cependant, mieux qu'en nombre d'en-

[1] Port, *Archives civiles de Maine-et-Loire*. Préface, p. xii.

droits, conservées telles à peu près qu'elles avaient été versées, et protégées contre des destructions qui n'avaient plus, celles-là, l'excuse des passions révolutionnaires. Toute la vigilance de ces honnêtes gens n'avait pu cependant empêcher, au cours de la Restauration, quelque familier sans doute de la Préfecture de faire disparaître des rayons du dépôt, pour les faire passer en Angleterre — en laissant soigneusement les reliures en place — deux des plus précieux volumes des Archives, le cartulaire de Fontevrault et le *Livre noir* de Saint-Florent.

L'un des premiers, le département de Maine-et-Loire avait reçu un archiviste sorti de l'École des chartes. Paul Marchegay, placé en 1841 à la tête du dépôt départemental, l'avait administré pendant treize ans. Érudit laborieux, exact et diligent éditeur de textes, il avait commencé le débrouillement et la mise en ordre des parchemins et des papiers; mais peut-être s'était-il laissé détourner un peu trop vite de cette besogne passablement ingrate pour se livrer tout entier à sa passion de copiste de documents. Les deux volumes des *Archives d'Anjou*, la publication dans divers recueils d'un grand nombre de chartes angevines, l'impression du texte du cartulaire du Ronceray, la reconstitution d'un des cartulaires de Saint-Serge, la transcription du cartulaire disparu de Saint-Florent transporté en Angleterre, d'importantes copies de documents léguées par lui à la Bibliothèque nationale lui mériteront toujours la reconnaissance des Angevins; mais, même après lui, la tâche propre de l'archiviste, celle qui consiste dans le classement méthodique et dans l'inventaire raisonné des fonds, demeurait à exécuter presque tout entière. Port, dès son arrivée à Angers, se mit à l'œuvre avec un entrain dont témoigne le ton de ses rapports, malheureusement demeurés manuscrits [1].

[1] C'est seulement pendant les trois dernières années de son exercice d'archiviste, c'est-à-dire en 1898, 1899 et 1900, qu'il se décida,

Dès le 19 août 1854, huit mois à peine après son entrée en fonctions, il écrivait dans son rapport au Préfet :

« ... J'ai, du moins, sur mon prédécesseur cet avantage de trouver en arrivant un ordre méthodiquement établi qui permet à l'esprit de se reconnaître et de diriger le travail. S'il reste encore beaucoup à faire, je n'ai point, comme lui, à extraire de tonneaux humides les parchemins entassés depuis les guerres de la Vendée; à trier pièce à pièce ces débris précieux pour en former à grand peine des séries distinctes et reconstituer les trésors perdus; à organiser enfin, dans un local impraticable, deux fois bouleversé, où tout manquait, cartons, rayons, casiers, un des plus beaux dépôts de France, sans autres traditions que celles qui nous sont communes, les préceptes de l'École aimée et les ardeurs de la jeunesse. En revanche, le travail ne me manquera pas, Dieu merci, et ce n'est pas sans une certaine joie que je comptais, nouveau venu, à la suite des cartons savamment étiquetés, les liasses plus nombreuses et plus modestes, chaos symétriquement rangé dans l'attente de la lumière future. En somme, tous les dossiers ont été ouverts et, ce qui n'est pas peu dire, distribués dans leurs séries respectives. Il n'est même aucune de ces séries qui ne soit, en certaines parties, exploitée à fond et par des travaux achevés; aucune, par contre, n'a été l'objet d'un travail complet et d'ensemble. Les pièces antérieures au XIIIe siècle, les Xe et XIe siècles surtout, ont spécialement attiré l'attention de M. Marchegay, qui a laissé sur cette partie des modèles à son successeur. Les dossiers postérieurs à cette date ne sont pas, en grande majorité, autrement classés que par la place et la désignation de leur fonds; mais c'est un avantage qui, je l'espère, Monsieur le Préfet, me permettra de vous en rendre bientôt bon compte. »

Puis, après avoir résumé brièvement les travaux de rangement exécutés par lui dans les archives anciennes, en

comme cela se pratiquait depuis nombre d'années déjà dans d'autres départements, à laisser imprimer son rapport annuel à la suite du rapport du Préfet dans le volume distribué au Conseil général. Les rapports antérieurs à 1898, demeurés manuscrits, sont seulement résumés d'une manière sommaire dans le rapport présenté chaque année au Conseil général par le rapporteur du budget des Archives; mais le texte en est conservé aux Archives de Maine-et-Loire et au secrétariat des Archives nationales.

insistant sur la révision et le classement de ces titres de famille, « collection inestimable et bien rare ailleurs », il aborde la grosse question à laquelle doit nécessairement aboutir tout classement d'un dépôt d'archives, la rédaction d'un inventaire qui scelle pour ainsi dire le classement, en même temps qu'il fait connaitre aux travailleurs les ressources de toute nature que le dépôt peut leur offrir :

« Mais le travail qui m'a vraiment occupé tout ce semestre me doit prendre encore de longues heures. J'étais installé à peine qu'une circulaire du 20 janvier 1854, inspirée par une grande et féconde pensée, prescrivait à tous les départements d'utiliser pour l'inventaire général de leurs archives les travaux des quinze années écoulées depuis l'envoi des premières instructions ministérielles, et de mettre enfin en valeur tant de richesses, inconnues de tous, au grand détriment des études historiques et des intérêts publics et privés. Cette œuvre nationale, s'il en fut jamais, qui, de l'obligation matérielle de prendre connaissance du dépôt qui m'est confié, me faisait un devoir riche en promesses d'honneur, et tout à la fois un moyen de payer ma bienvenue, c'était une bonne fortune que je n'allais pas laisser échapper. Dans l'espace de cinq mois, sans négliger les affaires journalières et les demandes aussi nombreuses que jamais, j'ai pu vous soumettre, Monsieur le Préfet, l'inventaire de quatre séries sur cinq qui composent les archives civiles du département de Maine-et-Loire. C'est, en somme, 16.374 pièces, registres et liasses, qui ont été inventoriés dans un cadre uniformément prescrit, indiquant la lettre de série et le numéro d'ordre des articles, la nature des pièces contenues dans le dossier avec la mention détaillée des noms de famille ou de lieu, les dates extrêmes des actes, le nombre ainsi que l'état matériel des pièces, les sceaux, les particularités de tout genre, enfin les inventaires partiels existant déjà. »

Et il concluait modestement ce premier rapport : « J'arrivais ici, il y a huit mois, sans autres titres que de chétifs succès académiques et des recommandations d'école. Vous m'avez donné, par votre bonté, presque des droits en me donnant la confiance qui sert à les acquérir ».

L'année suivante, au mois de juillet 1855, c'est sur les archives révolutionnaires, si intéressantes, et ici, comme partout ailleurs, si délaissées, qu'il appelle l'attention du Conseil général, et déjà l'on rencontre dans ce rapport administratif quelques-uns des accents passionnés qui vibreront plus tard d'une singulière ardeur dans ses livres sur la Vendée angevine :

« Les Archives modernes, datant de 1790, comprennent une série de pièces d'un intérêt tout particulier, mais laissées jusqu'à ce jour dans le plus déplorable désordre. Je veux parler des documents révolutionnaires, rassemblés au chef-lieu de tous les coins du département, les uns divisés ici, à peu près à l'aventure, par districts; les autres, les plus intéressants, entassés encore pêle-mêle et, par suite de l'insuffisance du local, séparés même du grand dépôt où tout ferait une nécessité de les réintégrer. Les délibérations des municipalités, les correspondances des tribunaux, des commissaires, des communes, des prisonniers, des proscrits; les registres des dénonciations, les manœuvres des armées, les plans des politiques, tous les documents officiels et privés qu'a laissés la guerre civile sont là pour en attester toutes les tristesses, toutes les grandeurs.

« Malheureusement, comme à mon prédécesseur — et moins heureux que lui dont la tâche n'était pas tracée — le loisir me manque, en dehors des travaux demandés, pour porter un peu d'ordre dans cette confusion. J'ai cependant pu classer plusieurs liasses, prises d'ailleurs, comme il est possible, au hasard, et qui, aujourd'hui, distribuées régulièrement dans trois cartons, comprennent 806 pièces, présentant, depuis le 26 juin 1793 jusqu'au 3 pluviôse de l'an II (22 janvier 1794), c'est-à-dire l'espace seulement de six mois, la correspondance à peu près complète reçue par le district de Saumur, surtout des municipalités circonvoisines. C'est en pleine guerre de Vendée : les communications sont difficiles, l'ennemi approche; on le sent; on suit sa route pas à pas aux avis alarmés, aux demandes de secours lointains; puis, les nouvelles manquent, l'inquiétude gagne; puis tout change de face : c'est la ville qui a été prise et reprise; c'est la réaction des vainqueurs et des vaincus contre eux-mêmes, les mandats d'arrêt, les menaces des représentants en mission; puis les dangers nouveaux, conseillers meilleurs de concorde. Qui n'a pris plaisir à écouter quelque vieillard, témoin, acteur sans doute, des scènes passées? Si inculte que soit sa parole, plus même son récit est dénué d'art, plus il semble sincère et réveille de vives images. Ici, c'est mieux encore, je pense, qu'un simple témoignage d'un survivant obscur; c'est la foule même qui parle à l'histoire, non plus avec des souvenirs et l'insouciance des dangers passés, mais avec ses passions, sa jeunesse, ses émotions de la vie et du combat ».

Et l'année suivante (juillet 1856), revenant sur le même sujet :

« Pourtant, quand les passions et les colères publiques seront mortes avec les derniers survivants de ces luttes funèbres, et qu'il sera loisible de regarder à plein la face impassible de l'histoire, voilée encore par la fumée du combat, tout ce chaos informe rayonnera d'une lumière vive et d'enseignements inattendus. Pour moi, ce n'est jamais sans émotion que je viens m'installer dans ce réduit où reposent tant de souvenirs mal endormis. Le désordre même sert la pensée errante : il me faut prendre au hasard, trier pièce à pièce un mélange de dossiers confus, de suppliques, de condamnations, les interrogatoires des prisonniers ou des proscrits, les missives des généraux, les arrêtés des représentants, les dénonciations des particuliers ou des magistrats, la correspondance multiple née de tant d'événements inattendus à tous les points du territoire, écho vivant des incertitudes, des terreurs, des dévouements, des passions de chaque jour. De la première liasse qui s'offre à ma main tombe un portefeuille entouré d'une ficelle portant une clé rouillée : ce sont les papiers d'un vicaire de campagne, c'est la clé du presbytère ou de l'église; puis, des prières du Pape adressées aux fidèles, un mandement de l'évêque de la Rochelle à ses prêtres détenus, des complaintes sur les malheurs de la Cour, une chanson de séminariste, une bucolique à Chloé, des extraits de Mme Des Houlières, des fragments d'un cours de littérature sur l'amour, une ode à la guillotine et des traductions de Métastase. Malgré soi, on songe à André Chénier et à ces jeux de la prison que décrit Alfred de Vigny. Si peu qu'on se laisse aller à évoquer ces scènes tumultueuses, les papiers parlent et racontent ce qu'on n'a jamais raconté[1]. »

A ceux qui s'étonneraient que le classement de vieux papiers poudreux puisse exciter des élans si lyriques dans l'âme d'un archiviste, il suffira de rappeler que c'est dans son bureau des Archives du Royaume, en face de quelques layettes du Trésor des chartes que, vingt ans auparavant, Michelet écrivait quelques-unes des pages les plus éloquentes de son *Histoire de France*, et si le mot de Novalis : « sans enthousiasme, point de mathématicien » peut également s'appliquer à toute espèce de travail intellectuel, n'est-ce point surtout à l'effort de ceux qui, comme Michelet et Célestin Port, ont reçu le don d'évoquer de la poussière des vieilles archives le mouvement et la vie du passé ?

L'enthousiasme juvénile — mais Port ne devait-il pas demeurer jeune et enthousiaste jusqu'à son dernier jour ? — du futur historien de la Vendée ne faisait aucun tort, bien loin de là, aux travaux minutieux de l'archiviste. Rien ne rebutait celui-ci dans le classement et l'analyse de documents trop souvent insipides, soutenu qu'il était par l'espoir de rencontrer enfin le document longtemps attendu ou poursuivi qui dédommage des fastidieuses semaines d'un labeur monotone. Aussi le jour où une circulaire ministérielle vint prescrire dans tous les départements la publication de l'inventaire des archives anciennes, avec quelle ardeur ne répondit-il pas à un appel qui s'adressait à la fois au zèle des archivistes et à la libéralité des Conseils généraux ?

Dès 1863 — la circulaire est du 12 août 1861 — il commence l'impression de l'inventaire des premières séries

[1] M. Jules Lair a reproduit quelques-unes de ces dernières lignes en les empruntant à un article sur les *Archives départementales de Maine-et-Loire*, inséré par Célestin Port dans l'*Album angevin* du 15 février 1857.

des archives civiles[1]. S'il ne peut consacrer que quelques pages à l'insignifiante série A (Actes du pouvoir souverain), s'il doit laisser provisoirement de côté les fonds de juridictions (série B du cadre de classement), qu'il vient d'enrichir en 1856 des papiers du présidial d'Angers, mais qui attendent encore les réintégrations de plusieurs autres tribunaux de l'Ancien régime[2], il met en pleine valeur le contenu, malheureusement trop peu considérable, des séries C (Administrations de l'Ancien régime) et D (Instruction publique avant 1789).

Pour la première, l'inventaire insiste surtout sur les documents qui font connaître la situation économique de l'Anjou à la veille de la Révolution. Au premier rang de ces documents se placent le recueil des délibérations et la correspondance de la Commission intermédiaire qui, « pendant deux courtes années, en plein courant des aspirations nouvelles, eut à diriger les derniers mouvements d'un régime épuisé et à organiser, par l'installation des premières municipalités, l'activité d'une société qui se sentait enfin renaître ». L'inventaire des papiers du subdélégué de Saumur met pour la première fois en lumière la série des pièces relatives à la fondation de l'École de cavalerie de Saumur et fait connaître, par le dépouillement des archives du régiment de cavalerie de Monsieur, l'administration et le régime intérieurs d'un corps de troupe sous la monarchie.

Les débris trop incomplets des archives de l'ancienne Université d'Angers, « une des premières et longtemps des plus célèbres de France », — Port soupçonne, mais sans pouvoir l'atteindre, qu'une partie du fonds pourrait

[1] Pour le détail des sept volumes qui composent l'*Inventaire sommaire des Archives départementales de Maine-et-Loire antérieures à 1790*, voy. *Bibliographie des travaux de Célestin Port*, n° 33.

[2] Notamment celle de la juridiction consulaire d'Angers, qu'il saura plus tard faire entrer au Dépôt départemental et défendre contre toute tentative de reprise.

bien encore exister quelque part — un petit nombre de dossiers d'écoles affiliées et de collèges ne fournissent aux analyses de l'archiviste que la matière de trente-sept articles. Dans ce qui subsiste, conclusions de l'Assemblée générale pendant près d'un siècle, de la Nation de Bretagne depuis 1642, de la Faculté de médecine depuis 1715, listes de réception de docteurs et d'inscription d'étudiants, comptes et règlements intérieurs, il estime que l'on pourra cependant étudier, souvent dans les détails les plus minutieux, « la gestion financière et l'administration, les relations journalières des régents et suppôts des Nations et des Facultés ». Forcé par la nature même du travail de se renfermer dans le cadre d'un inventaire de documents, Port complétera plus tard, en 1878, ces simples analyses par la publication intégrale des statuts des quatre Facultés de l'Université d'Angers au xve siècle et de ceux de la Librairie commune de l'Université à la même époque[1].

Si les premières séries du cadre de classement établi par la circulaire ministérielle de 1841 ne renfermaient, aux Archives de Maine-et-Loire, que des fonds d'une importance assez médiocre, la pénurie de cette partie du dépôt était compensée par l'abondance singulière des papiers de famille et des titres féodaux auxquels le cadre de classement a assigné la lettre E. Peu de départements possèdent des titres de cette nature en aussi grande quantité, d'une date aussi reculée — les chartes du xiiie siècle ne sont pas rares dans cette série — et d'un intérêt aussi varié pour l'histoire des familles et pour celle des localités. Le classement et l'inventaire de cette série, à peine entamés par Marchegay, occupèrent Célestin Port pendant de longues années[2]. C'est en 1871 seulement qu'il put faire paraître

[1] N° 87 de la *Bibliographie*.

[2] On a vu que, dès son entrée en fonctions, il avait commencé à s'occuper de cette série, mais des travaux plus urgents l'avaient bientôt forcé d'en suspendre l'inventaire. — Rapport du 19 août 1854 : « ... J'ai commencé la révision et le classement des titres de famille,

le premier volume de l'inventaire, presque analytique, des 4169 articles, dossiers ou registres, entre lesquels il avait distribué la majeure partie de la masse énorme des documents privés que les événements de la Révolution avaient amassés au chef-lieu du Département. Une partie du volume suivant devait encore lui être nécessaire pour achever, par l'analyse des 356 derniers articles (E 4170-4426), la publication de l'inventaire de cette série ; ce second volume ne fut complété qu'en 1885 par l'impression de l'inventaire des archives des communes de l'arrondissement d'Angers [1]. Un troisième volume, paru en 1898, comprenait l'analyse des archives communales des arrondissements de Baugé et de Cholet. Dix-huit feuilles d'un quatrième volume, qui devait contenir les archives des arrondissements de Saumur et de Segré, étaient tirées lorsque la mort est venue interrompre l'œuvre, aux trois quarts achevée.

Le successeur de Célestin Port trouvera, dans les papiers laissés par celui-ci, d'abondants matériaux pour l'achèvement du travail ; mais peut-être aura-t-il quelque peine à se tirer d'une écriture fiévreuse qui faisait le désespoir des typographes [2], et devra-t-il plus d'une fois recommencer,

collection inestimable et bien rare ailleurs. Dans chaque dossier, disposé par ordre alphabétique et, depuis mon arrivée, dans des cartons uniformes, les pièces ont été elles-mêmes classées chronologiquement, comptées, numérotées, et, de chaque série ainsi travaillée, j'ai extrait par des renvois sur feuilles séparées, les noms des familles qui se trouvaient intéressées dans les dossiers étrangers. Il m'a fallu interrompre ce travail... »

[1] Les instructions ministérielles autorisent, comme on sait, l'impression dans les volumes d'inventaires d'archives départementales, sous la rubrique E supplément, des inventaires d'archives communales trop peu considérables pour faire l'objet d'inventaires séparés.

[2] Aussi Port s'inquiétait-il du sort de cet inventaire, sur l'impression duquel, dans ses dernières années, il faisait surtout porter son effort. Parlant, dans son rapport de 1898, de l'inventaire des registres paroissiaux des arrondissements de Saumur et de Segré, il disait : « La rédaction en est préparée depuis longtemps, achevée sur place de main rapide, de lecture difficile à d'autres qu'à mes ouvriers dressés de si longue date, et resterait lettre morte si je négligeais de l'utiliser. »

à frais nouveaux, sur les registres mêmes des paroisses, les analyses de son prédécesseur. C'est que, pour les archives communales, — lesquelles, bien souvent, pour la partie ancienne, consistent uniquement dans les registres de l'état civil, — le travail de Port n'a été que rarement rédigé dans la tranquillité et le silence d'un cabinet d'archiviste. Cette partie de l'inventaire des archives de Maine-et-Loire représente, en vérité, des années de campagnes, quarante années et plus de courses, — le plus souvent à pied, par les plus chaudes journées d'été, sans aucun souci du confortable, — à travers les trois cent quatre-vingt-une communes du département, visitées chacune nombre de fois par l'inspecteur des archives communales [1], et c'est d'ordinaire sur le coin de quelque table branlante de mairie rurale, sur des papiers de tout âge, de toutes couleurs et de tout format, qu'ont été rédigées ces analyses d'un tour si nerveux, qui ne donnent d'un document que l'essentiel, mais qui donnent toujours l'essentiel.

La variété des documents qui, en dehors même du supplément non méprisable qui lui venait des archives communales [2], composaient la série E, la riche moisson que Port

[1] La préface du *Dictionnaire historique de Maine-et-Loire* (15 octobre 1878), évoque en traits heureux le souvenir de ces courses multipliées : « A l'heure qu'il est, j'ai parcouru, à pied, trois et quatre fois et plus encore, de part en part, le Département, et il est peu de chemins qui ne m'aient vu errant, la carte de l'Etat-major en main, ou tout simplement à l'aventure, soit dès l'aube, pour gagner quelque mairie lointaine où m'attendait le travail du jour, soit entre deux haltes, sous l'ardent midi, lorsque les cantonniers même dorment étendus le long des fossés, ou souvent aussi, attardé le soir, en quête de l'auberge incertaine, à travers les abois des chiens de garde. Tout en y songeant, je ferme les yeux et je revois les longues routes désertes, les sites, les eaux, les bois, les rencontres imprévues, les gîtes étranges, et je me retrouve alerte et tout en gaîté, comme au départ, le matin, par la fraîche brise, le long des coteaux effondrés de l'Evre ou des rivages ombreux de l'Oudon ».

[2] Il a bien fait ressortir, dans son rapport de 1868, l'intérêt de ces dernières archives : « Ces collections, malheureusement plus incomplètes en Maine-et-Loire qu'ailleurs, et dans deux arrondissements

y faisait chaque jour pour le grand répertoire sur l'histoire de l'Anjou dont le dessein lui avait été peut-être inspiré par l'abondance du filon que ses obligations professionnelles lui imposaient le devoir d'exploiter jusqu'à complet épuisement, avaient soutenu son courage dans le long labeur de l'inventaire de cette série.

Il avait hâte, cependant, d'aborder enfin les fonds ecclésiastiques. Si sa docilité aux instructions administratives l'avait engagé en premier lieu dans l'inventaire des archives civiles, il n'ignorait pas que c'était surtout dans l'étude des titres des établissements religieux qu'il trouverait, avec l'occasion d'exercer son habileté de paléographe et sa sagacité de diplomatiste, les moyens de donner satisfaction à ses goûts d'historien. Les travaux des anciens Bénédictins et d'autres grands érudits des derniers siècles avaient mis au jour assez de documents tirés des fonds des abbayes angevines pour qu'il n'ignorât pas que c'était dans leurs archives qu'il rencontrerait les documents les plus précieux sur la période la plus glorieuse de l'histoire de l'Anjou, celle des xe, xie et xiie siècles, qui avait vu ses souverains, après avoir balancé à certains jours la puissance des rois de France, s'asseoir sur le trône d'Angleterre.

Le volume, longuement préparé, qui renfermait l'analyse des titres du Clergé séculier parut en 1880. Il contenait l'inventaire des fonds de l'Évêché d'Angers et du Chapitre de Saint-Maurice, de ceux de l'Officialité, du

presque absolument détruites par les guerres de la Vendée et de la Chouannerie, fournissent à l'improviste, sans compter les renseignements les plus précis et les plus inconnus sur les familles et sur l'histoire des terres et des fiefs, une variété infinie de remarques sur la chronique locale, les orages, les récoltes, les fondations d'autels, de chapelles, d'églises, le passage de rois, de grands seigneurs, de troupes, des détails de tout genre sur les événements contemporains qu'aucun écrit général ne suppléerait. » Les études de Célestin Port sur l'hiver, sur les inondations et sur les tremblements de terre en Anjou (n°s 17, 25 et 95 de la *Bibliographie*) ont été écrites, en grande partie, d'après ces archives locales.

Grand Séminaire, du séminaire de Saint-Charles d'Angers, de quatorze chapitres collégiaux et de deux cent soixante-quinze cures ou fabriques. La règle à laquelle s'était astreint le rédacteur, de donner, sans aucune exception, l'analyse et souvent des extraits de toutes les chartes antérieures au XIVe siècle, faisait de certaines parties de ce travail d'inventaire presque l'équivalent d'un cartulaire.

Parmi les documents ainsi analysés en détail dans ce volume, se trouvait, dans le fonds de l'Évêché, le célèbre *Livre* de Guillaume Le Maire, évêque d'Angers de 1291 à 1317. Ce registre comprend, avec un récit suivi, en forme de journal personnel, des débuts du pontificat du prélat, un recueil de 164 pièces, intéressant les unes l'administration de l'évêché et du domaine épiscopal, les autres (bulles, lettres, requêtes, etc.) les grandes affaires de France ou de la chrétienté auxquelles Guillaume Le Maire avait pris une part active, notamment le projet de croisade formé en 1308 par le pape Clément V, au concile de Vienne, et la suppression des Templiers.

D'Achery avait donné de cet ouvrage un texte incomplet. Tout en poursuivant l'inventaire de la série G, Port en prépara, pour la Collection des documents inédits de l'histoire de France, une édition définitive[1], précédée d'une sobre notice et complétée par une table des noms de lieux et des noms de personnes.

Le volume contenant l'inventaire des premiers fonds du Clergé régulier (série H) parut en 1898. Ce volume, qui se recommandait par les mêmes mérites que le précédent, comprenait l'analyse des fonds des abbayes d'hommes de la ville d'Angers (Saint-Aubin[2], Saint-Nicolas, Saint-Serge

[1] *Bibliographie des travaux de Célestin Port*, n° 80.

[2] C'est l'obligeante communication faite par Célestin Port à M. Bertrand de Broussillon des bonnes feuilles de l'inventaire du fonds de Saint-Aubin qui a permis à cet érudit de faire paraître, dans la collection de documents historiques sur l'Anjou publiés par la Société d'agriculture, sciences et arts d'Angers, le tome second

et Toussaint) et de leurs nombreux prieurés, et de ceux des abbayes d'Asnières-Bellay, la Boissière, Brignon, Chaloché, le Louroux, Pontron, Saint-Georges-sur-Loire et Saint-Maur. Lorsque ce volume fut distribué, il était imprimé depuis plusieurs années déjà. Port en avait retardé la mise au jour, espérant le compléter par l'analyse d'une partie au moins du fonds de l'abbaye de Saint-Florent. Pour ne pas en trop retarder la publication, il se décida à le laisser paraître sans ce complément.

C'est, en effet, à la préparation de l'inventaire du plus considérable et du plus intéressant des fonds ecclésiastiques des archives de Maine-et-Loire que Port a consacré les dernières années de sa carrière d'archiviste. Il apportait à cette besogne la même activité d'esprit et la même puissance de travail que par le passé ; mais sa vue déclinait chaque jour. Ses yeux, ses pauvres yeux, étaient épuisés, ou pour dire le vrai, déchirés par le déchiffrement laborieux, poursuivi sans trêve ni relâche pendant cinquante années, de parchemins et de papiers d'une lecture souvent difficile. Le travail dans la belle, mais sombre et humide sacristie de l'ancienne abbaye de Saint-Aubin qui servait de bureau à l'archiviste, avait sans doute contribué pour sa part à cette demi-cécité qui fut la grande tristesse des dernières années de Célestin Port. Le jour où il sortit de ce tombeau pour venir prendre possession d'un cabinet plus clair, le mal était désormais sans espoir de guérison. L'humaniste de Louis-le-Grand se retrouve alors :

« ... *Quæsivi cælo lucem* — J'ai demandé au Conseil général de la lumière — et je souffre d'en être inondé, *ingemuique reperta*. Ce n'est pas vous, Monsieur le Préfet, qui me reprocherez de confier ma plainte à notre Virgile. »

du *Cartulaire de Saint-Aubin*, qui contient les chartes complémentaires du Cartulaire. Le Cartulaire même du XIIe siècle, qui forme le tome premier de la publication, appartient à la bibliothèque de la ville d'Angers.

Il n'en continua pas moins avec zèle, souvent encore avec passion, le classement et l'inventaire de cet incomparable ensemble de documents qui constitue le chartrier de Saint-Florent. L'histoire, d'ailleurs inédite, de Dom Huynes, la publication des chartes de quelques prieurés, disséminées par Marchegay en divers recueils, laissent entrevoir seulement la richesse d'un pareil fonds. Pour les documents les plus anciens, diplômes de rois, bulles de papes, la critique de Port allait se trouver en présence d'actes suspects qui soulevaient les plus délicats problèmes de diplomatique : c'était le moment de se souvenir des belles leçons de Quicherat sur les plus anciennes chartes de Saint-Germain-des-Prés.

Port s'était mis à ce grand travail dans les derniers mois de 1880 :

« Cette année a dû aborder le chartrier de Saint-Florent, groupe énorme composé des fonds des deux puissantes abbayes de Saint-Florent-le-Vieil et de Saint-Florent-le-Jeune, et qui couvre plus de vingt rayons, ensemble de 60 mètres de longueur. Aucun dépouillement sérieux n'a encore atteint cette masse de documents, à peine entr'ouverts de main discrète pour quelques travaux d'érudition limitée. Les registres et les volumes sont alignés en ordre d'apparence régulière et une partie des pièces a été enliassée tant bien que mal par prieurés, comme aussi sont mises à part, mais sans aucun classement, ces admirables chartes qu'il me faudra analyser une à une et qui font le principal renom de nos archives. Mais une bonne moitié au moins du fonds entier attend un premier triage, et la tâche s'accroit ici de son étendue même, qui ne se représentera plus égale qu'en abordant le fonds de Fontevraud. Pour déblayer le terrain et acquérir à fond la connaissance qui m'est nécessaire, avant tout classement, des divers offices, prieurés et domaines de Saint-Florent, j'ai commencé l'inventaire par le dépouillement des registres ou des volumes autour desquels les documents épars devront venir se grouper après le triage. Ce travail, qui n'est qu'à son début, compte pour cette année 246 registres ou cahiers, et 147 volumes comprenant 28.236 pièces, dont 9.383 parchemins, la plupart des xive et xve siècles, sauf une centaine seulement du xiiie, que j'ai l'un après l'autre analysés. »

Le travail se continue avec activité les années suivantes. Il s'interrompt quelque temps pour répondre aux désirs de l'Administration qui, en prévision du centenaire de 1789, prescrit par toute la France le classement et l'inventaire des archives révolutionnaires. Il reprend de nouveau, et ces belles chartes des ixe, x^e, xie, xiie et xiiie siècles, l'honneur de ce fonds, avec ses nombreux prieurés rayonnant sur vingt diocèses et jusqu'en Angleterre, sont analysées une à une. Le rapport de 1899 peut enfin annoncer l'achèvement du travail :

« Voici bien une dizaine d'années que je consacre une bonne partie de mon temps à l'inventaire de l'abbaye de Saint Florent de Saumur, unie à Saint-Florent-le-Vieil. Terminé et au rang d'attente, j'allais le pouvoir mettre aux mains de l'imprimeur quand j'en ai dû, avant tout, fixer le classement d'ensemble et de détail pour les deux milliers de fiches — et plus — qu'il comprend. Un long mois s'y est employé, et a-t-on bien l'idée de ce travail-là ? J'ai repris alors en toute sécurité le dépouillement des Cartulaires, qui doit servir de repère, avant toute mise en train, à l'œuvre entière, comme l'explique mon dernier rapport. Dès septembre, j'avais terminé le relevé du *Livre blanc*, du 117e au 129e et dernier folio, soit, pour tout le livre 214 pièces. Le 10 novembre, j'achevais celui du *Livre d'argent*, œuvre d'un scribe habile, mais plus soigneux des apparences qu'intelligent du sens même des actes, dont pas un peut être n'est exempt de quelque faute grossière de copie, comprenant en somme 153 pièces, — et en décembre dernier, celui du *Livre rouge*, le plus important peut-être, sinon le plus ancien, avec son calendrier historique, sa chronique du couvent, ses hommages et ses 188 pièces, du ixe au xiie siècle, soit, pour les trois Cartulaires, 555 documents relevés sur fiches détaillées et datées en vue de l'impression — et sur cartes alphabétiques pour la direction et pour le contrôle du travail futur.

« Précisément, presque au dernier folio du *Livre rouge*, se rencontrait, écrit d'une autre main que les alentours — pour remplir tant bien que mal les blancs de deux folios — un diplôme inédit et inconnu de Charlemagne. Inédit, pour sûr — le fait est déjà assez étrange — et à peu près inconnu. Hauréau l'a visé et utilisé, sans discussion, ce qui étonne. L'acte, dont tout le chartrier ne renferme aucune copie ancienne, est transcrit dans Dom Housseau, d'après la référence unique du *Livre rouge*, et cité en partie, au même titre, dans l'histoire manuscrite de Saint-Florent, par Dom Huynes; mais l'existence n'en est pas même signalée dans les répertoires scientifiques, sauf, m'indique M. Giry, dans une note, p. 317, des *Acta Carolina* de Sickel, qui n'en tient pas autrement compte, même dans ses *Spuria*. Et, fait plus singulier, s'il est possible, toutes les descriptions les plus récentes du *Livre rouge* l'ignorent, en fixant la date de l'acte le plus ancien au 30 juin 824[1].

« Quoi qu'il en soit, il apparaît bien, à simple lecture, que ce document est de toute fausseté manifeste. Du même coup, la défiance éveillée surprend, grâce à ce premier indice, une série de faux de même fabrique qui, s'étant créée cette autorité alors non suspecte, s'y étayent. Sans compter le diplôme de 824, de Louis le Débonnaire, et les deux diplômes de Charles le Chauve (13 juin 844) et de Pépin d'Aquitaine (27 mai 848), qui le visent et n'en visent pas d'autres, un examen, de critique certaine, doit qualifier, sans hésitation, d'imposture toute une suite d'actes, — comme le diplôme de juin 848 ou 849 (il n'importe guère), quoique j'en aie sous les yeux un excellent trompe-l'œil du XIe siècle : le texte, de même main peut-être que le faux Charlemagne, s'y réfère directement en termes qu'il lui emprunte ainsi qu'à la fameuse *prose* de Saint-Florent — qu'il y aurait lieu, certainement, d'étudier d'un peu plus près qu'on n'a fait — avec un assemblage incohérent d'évêques, dont la présence a pour but évident de justifier cette souveraineté spirituelle, épiscopale, de l'abbaye de Saint-Florent sur treize paroisses, que de fait et *sans autre titre* elle a conservée jusqu'au XVIIe siècle; — et le diplôme de Carloman, du 5 juin 881, qui copie maladroitement, sans même s'en adapter les noms ni les formules, un diplôme de 866; enfin — pour ne citer que les actes de nos archives,

[1] Voy. *Catalogue des Cartulaires*, 1817, p. 123; *Chroniques des églises d'Anjou*, p. XXI.

sans les citer tous — la plus ancienne bulle du chartrier, acte de 1004, dont l'importance pour les intérêts de l'abbaye s'affirme par les nombreuses copies qui s'en rencontrent. On l'a introduite dans les Cartulaires, dans le Rôle des diplômes, même dans la *Chronique* de l'abbaye; et même encore quatre très curieux exemplaires à part s'en sont conservés, du XIe ou XIIe siècle.

« Ici, l'éditeur qui a, en dernier lieu, reproduit le texte[1] s'y est trompé en affirmant l'avoir collationné à l'original, qui est depuis longtemps ignoré, et pour cause. Il y aurait là matière, je le sais bien, à quelque intéressant mémoire! Mais à d'autres! L'étude, d'ailleurs, en doit advenir bientôt en mains confraternelles, qui ont toute maîtrise. Je borne ma joie à marquer le pas, sans envie aucune, à cette heure, de devancer personne. »

C'est à Giry, qui était venu étudier à Angers, pour son édition des diplômes de Charles le Chauve, les plus anciennes chartes angevines, que Port faisait allusion. De fait, quelques semaines plus tard, le 4 août 1899, Giry donnait lecture à l'Académie des inscriptions d'un mémoire sur les diplômes faux de Saint-Florent.

Mais à aucun des deux érudits qui avaient le plus étudié les chartes de Saint-Florent il n'a été donné de pouvoir publier des travaux préparés de si longue main. Le 11 novembre 1899, trois mois après sa lecture à l'Institut, Giry était enlevé en pleine maturité de son talent, victime de ce fatal procès de Rennes où il était allé porter le témoignage que lui dictait sa conscience. C'est par les soins pieux du Directeur de l'École des chartes et d'un disciple devenu son successeur, que le mémoire de Giry a vu le jour[2]. Port, non plus, n'a pas eu la satisfaction de pouvoir livrer à l'impression le manuscrit à peu près

[1] *Chroniques des églises d'Anjou*, p. 254.

[2] *Étude critique de quelques documents angevins de l'époque carolingienne* (Mémoires de l'Académie des inscriptions et belles-lettres, t. XXXVI, 2e partie, p. 179-248 ; tirage à part, 1900, in-4°, 72 p.).

achevé de son travail[1]. Le soin de le faire paraître incombera à son successeur. Il apportera à cette tâche, pour reprendre les expressions de Port, « les préceptes de l'École aimée et les ardeurs de la jeunesse ». Plus d'un de ses collègues qui, en prenant possession de son bureau d'archiviste, n'y a trouvé que la copie de la prochaine feuille d'inventaire, portera envie à sa bonne fortune.

Il trouvera également, pour une autre série du Dépôt, la série L, un autre inventaire, non pas achevé, celui-là, comme l'inventaire de Saint-Florent, mais simplement ébauché et formant comme une sorte de canevas sur lequel il pourra broder à loisir, pendant de longues années encore, avant de pouvoir lui faire voir le jour.

On se souvient avec quel enthousiasme Port, à son arrivée à Angers, avait entr'ouvert les premières liasses révolutionnaires qui lui étaient tombées sous la main. Sans doute, s'il n'eût dépendu que de lui, il n'eût pas attendu, pour s'atteler au débrouillement de cette masse de documents, que la circulaire ministérielle du 11 novembre 1874 fût venue tracer le cadre de classement de ces séries L et Q qui représentent dans les archives modernes la période révolutionnaire. Mais cet esprit si indépendant était, beaucoup plus qu'on ne pourrait se l'imaginer d'après certains incidents dont j'aurai bientôt à parler, un archiviste discipliné et docile aux instructions qui lui étaient transmises : il a donné, de cet esprit de discipline, une preuve non équivoque en suivant ponctuellement dans ses travaux d'inventaire, sans souci de ses préférences personnelles, l'ordre même du classement établi par la circulaire du 20 avril 1841. Ce dut être cependant avec satisfaction qu'il reçut l'invitation de donner un tour de faveur aux

[1] La copie du manuscrit, qui renferme l'analyse de plus de 3000 articles (H 1833-5160), remplit cinq cartons.

papiers de la Révolution, sans attendre l'achèvement de l'inventaire des archives anciennes, dont la richesse de son dépôt ne lui permettait pas — il le savait trop bien — d'espérer de voir jamais la fin.

Tout cependant n'était pas rose dans la perspective d'une opération qui devait porter sur une masse inexplorée représentant un développement de plus de 250 mètres de tablettes.

Le rapport de 1876 rend compte des débuts du travail :

« J'ai porté tout l'effort de mon autre semestre sur le triage nouveau d'une série jusqu'à ce moment délaissée par ordre et dont des instructions récentes prescrivent enfin de débrouiller le chaos inconnu... C'est un triage complet de première main qu'il m'a fallu entreprendre, et presque partout pièce à pièce, et avec d'autant plus de peine et d'embarras que la masse des documents est plus immense. Un tiers de la série m'a, dès maintenant, passé sous les yeux, et j'ai pu constituer et relever sur cartes un premier fonds de 532 dossiers qui formeront le noyau, pour cette partie, et le centre de ralliement de mon classement définitif. »

Il note, dans les rapports des années suivantes, les progrès accomplis :

« Il faut bien entendre qu'il ne s'agit là que d'un premier débrouillement, d'un triage préliminaire, qui constitue au hasard du jour des groupes de pièces plus ou moins complets, en accumulant, au fur et à mesure de ce triage même et en dehors de tout classement, une masse considérable de dossiers secondaires, souvent d'une ou deux pièces, sous une chemise provisoire. Le dépouillement d'ensemble terminé, c'est ce résidu qu'il s'agira de répartir ou d'assembler, de constituer en groupes distincts ou de rattacher aux groupes similaires. C'est l'œuvre de la seconde heure... »

Et en 1880 :

« J'ai exposé déjà dans des rapports antérieurs, je dois rappeler encore l'état de confusion, après tant de remaniements dans le Dépôt, de la série L, où sont réfugiés tous les documents ayant trait aux administrations révolutionnaires et autres, depuis la première organisation du Département jusqu'à la création des préfectures. Formée d'origines incertaines, accumulée longtemps pêle-mêle dans un réduit obscur, réunie par liasses, la plupart informes, refoulée pour céder la place à toutes les nécessités imprévues, maintenue par ordre en dehors de l'inventaire, elle présentait, quand des instructions nouvelles en ont prescrit le classement, un véritable chaos, d'autant plus pénible à organiser que le déblai s'en présentait plus considérable. D'un premier débrouillement, au hasard de la main, plus de quinze cents liasses ont été constituées... »

En 1892 enfin, ce premier débrouillement touche à son terme :

« Entre temps, ainsi que je m'y habitue depuis plus de dix ans, j'ai poursuivi et j'ose presque dire terminé le triage, sinon le classement, moins encore l'inventaire définitif, de la série L. J'ai décrit trop de fois, dans chacun de mes rapports annuels, l'état d'abandon où je l'ai trouvée et le pêle-mêle qu'il m'a fallu, tant bien que mal, organiser en dossiers, pour que j'insiste sur l'ennui et les difficultés d'une tâche qui se multiplie au centuple si peu que s'accroisse le nombre ici vraiment imprévu des pièces. Après la mise en ordre, telle quelle, des *Comités révolutionnaires* du district d'Angers, œuvre de l'an passé, j'ai entrepris cette année celle des Comités des autres districts, entre lesquels celui de Saumur, abondant particulièrement en documents intéressants. La série des *Sociétés populaires*, qui forme à peine une vingtaine d'articles, ne m'a pas arrêté longtemps et termine la liste des fonds divers.

« Je peux donc considérer le dépouillement général de la série L comme mené à bonne fin, si l'on veut bien entendre que l'on peut dès maintenant — et il y a peut-être déjà longtemps — en avoir complètement raison pour le travail, des fiches en ayant à mesure constaté l'avancement. Il a fallu déjà malheureusement, à plusieurs reprises, il faudra encore, si l'on veut obtenir un classement sérieux, digne par exemple d'être publié, qu'elles soient remaniées, par suite du refoulement continu et de la rencontre incessante, et jusqu'à la dernière heure, de pièces éparses et de débris de dossiers. J'ai passé à vrai dire le meilleur du temps à ces intercalations, dont j'ai là encore un monceau accumulé et dont on a peine à tenir compte. Ce détail affirmé, je crois pourtant devoir indiquer qu'en laissant à revoir, sans autre amour-propre, l'ensemble d'une série dont la principale masse n'est à vrai dire que de pur fatras, j'ai pris soin et grand intérêt à classer réellement et à mettre en état les fonds particuliers, petits ou grands, qui peuvent de plus près intéresser l'histoire. Sur ce point, si rien n'est fait à suffisance, tout serait fait en un tour de main.

« La tâche qui me reste et dont j'ai peur, c'est de trier et de débrouiller à cette heure l'amas énorme des imprimés afférents à la série L qui s'est entassé au fur et à mesure du présent travail. Je l'ai pourtant abordée cette année, et tout mon ancien bureau vide est encombré de papiers de tous formats, circulaires, opinions, instructions, discours, brochures, répartis déjà, un peu à l'aventure, par paquets multiples, de masse inégale. Je m'effraie d'avoir à les réunir en groupes d'origine ou de nature identiques. Un grand nombre d'ailleurs est pour se maintenir par unités isolées, et ce n'est pas là le fonds le moins curieux... »

Port devait, à diverses reprises encore, revenir sur ce classement pour en perfectionner certains chapitres. Je note, par exemple, dans son rapport de 1894, le classement des journaux et des impressions diverses de la période révolutionnaire — il y signale, en passant, un journal angevin inconnu jusque-là, le *Copiste fidèle*, imprimé dans l'imprimerie également inconnue de J.-L. Touvenon, installée dans le cloître des Cordeliers — et, dans celui de 1900, l'inventaire du fonds des cinq bataillons des volontaires de Maine-et-Loire.

En définitive, il laissait à sa mort, de cette série L qui renferme les papiers politiques et administratifs de la Révolution, un répertoire numérique donnant en deux ou trois lignes le signalement exact, sinon complet, de chacun des articles, registres, liasses ou dossiers, qui la constituent. Ce sera la tâche de l'avenir d'amener cet inventaire à un degré de perfection qui en permette l'impression.

L'achèvement de l'inventaire de Saint-Florent, le perfectionnement de l'inventaire de la série L n'absorbaient pas toutes les heures de bureau des dernières années de Port. Marchant droit devant lui, il entreprenait et menait à bien, de 1895 à 1898, d'abord l'inventaire des prieurés angevins dépendant d'abbayes situées en dehors de l'Anjou, ou plus exactement du département actuel de Maine-et-Loire (H 5161-5359), puis celui des couvents d'hommes, en laissant toutefois de côté les prieurés angevins de Marmoutier, « le plus admirable fonds des archives, d'ailleurs classé à suffisance, dont l'inventaire analytique — et chaque pièce mérite une analyse — fera la joie de mon successeur ». Enfin son dernier rapport (juillet 1900) atteste une première reconnaissance dans le fonds de la plus importante des abbayes de femmes, celle de Fontevrault.

Un travail d'une nature différente, demandé à la veille de l'Exposition de 1900, à tous les archivistes de France, fut le dernier dont il lui fut donné de s'occuper. La Direction des Archives avait eu la pensée, pour remplacer le tableau vieilli publié en 1848, de faire dresser, dans tous les départements, un état général par fonds des archives anciennes et des archives révolutionnaires, relevé sommaire, mais singulièrement précieux, qui donnera les titres des fonds, avec leurs principales divisions, leurs dates extrêmes, le nombre des articles, enfin l'état du classement, de l'inventaire et de l'impression. Le travail de Port occupe, dans le volume imprimé, mais non encore distribué [1], les colonnes 421 à 442. J'imagine que l'archiviste de Maine-et-Loire eut quelque satisfaction à rédiger ce récolement qui lui permettait de comparer l'état actuel du Dépôt avec celui dans lequel il l'avait trouvé un demi-siècle auparavant, quelque fierté aussi à pouvoir énumérer, dans son rapport du 1er juillet 1899 qui rend compte de ce travail, 16.594 articles classés et inventoriés, contre 5.891 liasses non

[1] *Bibliographie des travaux de Célestin Port*, n° 117.

encore inventoriées, à signaler surtout « comme une des richesses rares du Dépôt, 12 chartes originales du IXe siècle, 15 du Xe siècle, 288 du XIe siècle, 443 du XIIe siècle et 1.666 du XIIIe siècle, soit en y ajoutant par approximation un millier de chartes pour l'appoint certainement supérieur de Fontevrault, 3.424 pièces antérieures au XIVe siècle ».

L'inventaire des archives départementales de Maine-et-Loire ne représente pas tout le travail d'archiviste de Célestin Port.

Avant même la mise en train de l'impression de ce travail, il avait, en 1857, accepté de la Municipalité la mission d'analyser les archives anciennes de la ville d'Angers. Libre — ou à peu près — de toute entrave administrative dans la rédaction de ce volume, dont la publication (décembre 1860) est antérieure à l'envoi des instructions ministérielles de 1861, il avait suivi dans ce travail les règles qui lui avaient paru les meilleures. Ce gros volume de plus de 600 pages, dans lequel il avait fait suivre l'analyse des documents[1] d'un choix judicieux de pièces inédites, fut accueilli avec faveur, non seulement des Angevins, mais aussi de l'Académie des inscriptions et belles-lettres qui, sur le rapport de M. Alfred Maury, lui décerna, en 1861, un rappel de médaille au concours des Antiquités nationales.

La méthode qu'il avait pratiquée paraissait, en effet, des plus raisonnables : développement des analyses proportionné à l'intérêt des documents, mention des folios dans le dépouillement des registres, indication précise des dates, non seulement des dates extrêmes en tête de chacun des articles,

[1] « Du premier registre au registre qui clôt la période historique, j'ai pris page à page les procès-verbaux des conclusions, et page à page relevé avec soin tous les événements notables ou singuliers, toute l'organisation, tous les progrès de nos institutions angevines et ces mille particularités inattendues de l'histoire des arts, des mœurs, des idées d'autrefois qui font de ce résumé rapide, mais complet, comme une histoire vivante de la cité. » (Rapport de 1858.)

mais encore de dates intercalaires, aussi multipliées que possible, n'est-ce pas là, semble-t-il, ce que doit suggérer le simple bon sens à qui veut rédiger un inventaire pouvant offrir quelque utilité? Ce fut cependant tout juste le contraire que prescrivit, dans des instructions officielles, un régime qui n'admettait la liberté en aucune chose, pas même dans la rédaction des inventaires. Il fallait, sans souci du respect de l'intégrité des dossiers, grouper les pièces par paquets de cent; consacrer quinze à vingt lignes — ni plus, ni moins — à l'analyse de chaque groupe de cent pièces; enfin, s'abstenir de toute date en dehors des dates extrêmes, celles-ci fussent-elles distantes de plusieurs siècles. Tel est le singulier régime auquel furent soumis, pendant près de dix ans, les quatre-vingt neuf archivistes départementaux.

Port dut, comme les autres, se plier — non sans frémissement — au joug commun [1]. Tant qu'il ne s'agit d'inventorier que des correspondances administratives du XVIIIe siècle, il put encore, avec quelque adresse, se tirer d'affaire [2]; mais les difficultés surgirent le jour où, en 1863, la Commission administrative des hospices d'Angers le chargea de rédiger un inventaire analytique du précieux fonds de l'hôpital Saint-Jean-l'Évangéliste d'Angers, doté, sinon fondé, au XIIe siècle par Henri II. Ce fonds avait été, du temps de Marchegay, déposé aux Archives du département : l'inventaire en devait donc, conformément aux instructions ministérielles, être imprimé comme supplément à la série H de ces archives, partant conformément à la méthode officiellement prescrite. Port, de

[1] Le joug « d'une autocratie qui n'est pas toujours intelligente », écrivait Bourquelot (10 janvier 1865).

[2] Parlant de l'inventaire de la série C à un confrère qui lui demandait des conseils pour la rédaction de l'inventaire des archives de Tarascon, il écrit (27 juillet 1862) : « Je vous assure qu'il y a certains articles dont la rédaction témoigne de plus d'habileté que tous les vaudevilles, drames, comédies que je pourrai faire si jamais j'ai le cœur aussi dispos que je l'ai enragé. »

l'aveu de la Commission hospitalière, établit le manuscrit suivant les bons principes et, le jour de l'impression venu, il entreprit de défendre sa rédaction contre les critiques du bureau du Ministère. Il y faillit perdre sa place.

Il a conté un jour cette histoire[1] :

« Mon travail tel quel — je n'ai jamais crié au chef-d'œuvre — a été préparé et poursuivi jusqu'à la fin, de haute lutte, avec la complicité entière et avouée, celle-là, de la Commission hospitalière. Elle peut en revendiquer sa part d'honneur auprès du public savant qui m'a applaudi; et vous en étiez ! Assuré que j'étais de sa confiance, et la tenant régulièrement au courant des difficultés journalières qui m'étaient créées à chaque pas, j'ai préparé et fait imprimer, au prix de tous les ennuis, de tous les dangers[2], mais avec une persévérance invaincue, sur les seules données que je crusse bonnes et sérieuses — elles sont, du reste, *aujourd'hui*, officiellement prescrites et recommandées — un dépouillement analytique, dont la copie d'abord, et puis les épreuves, devaient être soumises tout au moins à l'approbation de mes chefs, prévenus alors d'idées contraires. Dans la collection des inventaires officiels, mon livre est le premier, je crois en être sûr, qui porte à ses articles les mentions des folios et des dates, indications indispensables — c'est simple à dire aujourd'hui — dont la suppression, si j'y avais voulu consentir, aurait d'un seul coup réduit aux deux tiers ma tâche; et je me rappelle avec quel intérêt suivaient ma résistance ce loyal docteur Bigot et M. Lemotheux, si ferme dans sa douceur même, et le digne abbé Legeard de la Diriays, qui n'est pas remplacé encore dans le clergé angevin. Je ne parle que des morts... »

[1] *L'Inventaire et le Chartrier de l'hôpital Saint-Jean d'Angers. Lettre à M. P. Marchegay*, p. 6.

[2] « Ma modeste position même s'y est trouvée en jeu. J'ai reçu dans ce temps la visite spéciale d'un inspecteur général, chargé particulièrement, comme il me l'a avoué, des exécutions sommaires. M. Bertrandy, qui me venait mettre à la raison, débarqué avec des préventions entières, n'eut pas de peine à rendre justice à ma bonne volonté et n'hésita pas davantage à me le dire. Je lui en garde une vive reconnaissance et le lui témoigne, à cette heure qu'il est redevenu mon simple collègue, archiviste de Seine-et-Oise. »

Vers le même temps, à l'autre bout de la France, un jeune archiviste, récemment sorti de l'École qu'il dirige aujourd'hui, chargé d'inventorier les archives communales de Tarascon, soutenait contre le même bureau des Archives le même bon combat — sans aucun encouragement, il faut bien le reconnaître, de celui qui présidait alors tout à la fois le Conseil de perfectionnement de l'École des chartes et la Commission supérieure des Archives[1].

Mais les temps allaient changer : le 23 mai 1867, une circulaire ministérielle émanée du Bureau des Archives — ou plutôt subie par lui[2] — consacrait, sur tous les points litigieux, l'abandon de la pratique ancienne du Bureau.

Les archivistes d'aujourd'hui, qui jouissent à l'heure actuelle, sous une direction plus éclairée, d'une entière liberté scientifique, doivent quelque reconnaissance à ceux de leurs anciens qui, au risque parfois de leur modeste situation, ont contribué à la leur conquérir[3].

Il ne faudrait toutefois rien pousser au tragique et, à certaines heures[4], Port lui-même dévorait assez philosophiquement « les chardons de la résignation » :

« Le système qui nous dirige est absurde : j'en fais part avec acharnement à M. Champollion en toute occasion. On

[1] Voy. Paul Meyer, *Observations sur la publication de l'inventaire des archives de Tarascon-sur-Rhône* (Bibl. de l'Ecole des Chartes, 6e série, t. Ier, 1864-65, p. 65). Cf. même volume, p. 171, une lettre de M. de Wailly relative à cet incident. — Finalement, l'inventaire de Tarascon parut anonyme, sur le refus de M. Meyer de laisser son nom figurer sur le titre.

[2] C'était en réalité le triomphe de l'inspection générale des Archives dans la lutte sourde que, depuis plusieurs années, elle soutenait contre le Bureau. Dans une lettre écrite à Port, le 2 mars 1868, Eugène de Rozière ne manifeste pas une admiration excessive pour les lumières dudit Bureau : « ... Ce raisonnement, aux apparences tout administratives, avait-il pour but de masquer quelque mauvaise grâce personnelle, ou n'était-il que le produit légitime d'un esprit borné qui voit des difficultés partout, et qui s'y entête? »

[3] Ce n'est que justice, au moment où il vient de descendre dans la tombe, de dire tout ce que les archivistes doivent à Gustave Desjardins, qui fut chargé, en 1874, de la direction du service des Archives départementales.

[4] Lettre à M. Paul Meyer, 27 juillet 1862.

nous fait travailler sur des données fausses, et, 80 fois sur 89, la meilleure chance serait de laisser aux archivistes, qui ont les pièces en main, quelque liberté, l'exercice modéré de leur intelligence et, à tout prendre, quelque responsabilité. De plus, d'une théorie fausse en elle-même, on fait une application outrée et dont je ne m'explique ni la raison ni l'utilité. Mais je suis convaincu, pour tant que je souffre et en doive encore souffrir, que ces messieurs du Bureau sont pour le mieux intentionnés, maladroits au possible, mais obligeants, aussi empressés à rendre les petits services que la pratique du métier rend fréquents qu'irréfléchis et malavisés dans leurs conceptions paléographiques. Je crois, de plus, que le bureau susdit deviendra un élément puissant de réorganisation, et qu'en attendant il fait quelque bien, — non pas autant qu'il pourrait, mais autant qu'il peut. A tous ces titres, je serais très vivement peiné que ces confidences de confrère à confrère en peine pussent en rien desservir des personnes dont je trouve les procédés ridicules, mais dont je ne suspecte pas la bonne volonté. Tenons tête, de haute lutte, sur le bon terrain où, petit à petit, la raison prend pied et s'impose, et prenons l'ennemi par les oreilles, à pleines poignées, non par les jambes... »

De son côté, il ne semble pas, pour être juste, que l'Administration ait tenu à Port rigueur de son indépendance [1]. Le 11 février 1866, il était nommé archiviste de la Gironde. Des raisons de travaux en cours ou en projet, surtout,

[1] Une lettre de Quicherat (30 novembre 1867) témoigne cependant, à un moment du moins, de dispositions peu bienveillantes de la part du Bureau des Archives : « Ce dossier, qui est sous clé au Ministère de l'intérieur, doit dire que vous êtes une mauvaise tête, à qui l'on a toutes les peines du monde de faire exécuter l'inventaire des archives tel qu'il avait été décidé par les grands savants du Bureau; mais aujourd'hui qu'on s'est amendé et que les objections que vous fîtes autrefois ont suggéré le nouveau programme introduit dans les circulaires, on ne veut pas laisser voir qu'on s'est plaint de vous pour des choses qui sont aujourd'hui à votre gloire. On aime mieux prévenir contre vous, sans faire usage de pièces écrites, un inspecteur avec qui vous n'aviez pas encore eu affaire; mais l'inspecteur n'est qu'un paltoquet, et celui qui l'a soufflé un sot. La réciproque est vraie. Ne vous inquiétez pas de ces gens-là. Vous êtes solide, ayant pour vous tout ce qui représente l'autorité dans le pays où vous opérez. »

semble-t-il, des considérations de famille, le décidèrent à décliner une nomination qui, quelques années plus tôt, eût été sans doute la bien venue : « Je ne veux que rappeler en terminant, écrit-il à la fin de son rapport de 1866, pour m'en recommander autant que je puis, ma nomination inattendue aux Archives de la Gironde comme un témoignage lointain d'estime, et mon refus comme un gage sérieux des sentiments d'affection et de reconnaissance qui m'attachent à l'Anjou pour la bienveillance dont je n'ai cessé depuis treize ans d'être honoré par le Conseil général et par l'Administration ».

Le 21 avril 1870, il était fait chevalier de la Légion d'honneur.

Il n'en avait pas fini cependant avec l'inventaire de l'hôpital Saint-Jean. La publication de cet inventaire, que précédait une notice historique et que suivait un cartulaire factice de cet hôtel-Dieu, comprenant cent quatre-vingt trois pièces, devait être pour son auteur fertile en incidents[1].

Sept ans après la publication, Marchegay qui, en 1850, avait fait entrer le chartrier de Saint-Jean au dépôt départemental et en avait fait un premier classement, s'avisa que son nom avait été passé sous silence dans la notice historique de Port. Dans une brochure intitulée : *Trois lettres à Messieurs les Administrateurs des hospices d'Angers*, *concernant le chartrier*, *le cartulaire et le fondateur de l'hôpital Saint-Jean l'Évangéliste*[2] et consacrée en apparence à l'examen de quelques difficultés historiques touchant les origines de cet hôpital, il accusa la publication de Port d'avoir dissimulé de lui, tout en en ayant largement profité, un inven-

[1] Il eut du moins comme compensation un compte-rendu élogieux de M. L. Delisle, inséré dans la *Bibliothèque de l'École des chartes*, t. XXXI, 1870, p. 110-112.

[2] Les Roches-Baritaud (Vendée), 1877, in-8°, 171 pages.

taire, en trente-six chapitres, des titres de l'hôpital Saint-Jean, « en affectant de n'en pas dire un mot » et « en s'appliquant à faire disparaître les divisions établies ».

Une circonstance rendait l'attaque particulièrement grave : Marchegay avait distribué de sa brochure un tirage spécial, avec hommage imprimé, à chaque archiviste de département — celui de Maine-et-Loire excepté — dont le nom était rempli à la main par l'auteur avant l'envoi.

C'était une dénonciation en forme.

Port bondit sous l'attaque. Sa première pensée fut de réclamer la réunion d'un jury d'honneur :

« Mais quel dégoût! une rixe entre confrères! et avec vous, quelle pitié! blanchi comme moi sous le harnais! J'en ressens pour ma part une horreur invincible! Emporté dans le courant d'un travail où ma santé s'épuise, en être réduit par votre provocation inqualifiable à perdre en vaine querelle un temps dont tous les instants me sont comptés ! quelle misère ! — Ma première pensée, mon premier cri a été de réclamer la réunion d'un *jury d'honneur !* Mais quoi ! la réponse m'est venue de tous les côtés la même ! Ce n'était pas à moi le premier, ce n'est pas à moi seul à la provoquer — et le public d'ailleurs n'a-t-il pas été pris pour juge ? Même à cette heure encore, le coup porté, guéri, j'allais laisser tomber l'injure; mais d'autres, plus perfides et plus méchants que vous, menacent de l'exploiter à votre honte, au delà même de vos passions peut-être, contre ma sécurité !

Et puis, après tout, puisque vous m'avez ouvert un compte, il est peut-être bon qu'il se règle à votre premier ordre... »

Quicherat, ancien camarade de Marchegay, ancien professeur de Port, ami de tous les deux, s'efforça de jouer le rôle de conciliateur :

« Vous n'êtes ni un plagiaire, ni l'exploitant du travail d'autrui; mais il vous reste d'avoir manqué d'obligeance envers un confrère : là est la faute. Gardez-vous de parler de votre adversaire comme du dernier des monstres, car ce serait dépasser la mesure. »

Je ne sais si Quicherat jugea la mesure dépassée dans la réponse de Port. J'imagine qu'au fond il devait se faire peu d'illusions sur la possibilité de concilier deux adversaires de tempéraments si opposés :

« Je ne vous demande guère de sympathie bien tendre. Trop diverses sont nos natures, vous, égoïste et renfrogné; moi, tout en dehors et l'aile au vent ! — mais chacun n'a-t-il donc pas son train, sa force, sa vertu? — et ne pourrait-on filer droit son chemin sans s'y heurter? »

A la rigueur, la réponse de Port eût pu tenir en six pages. Il lui eût suffi, pour faire voir le peu de fondement des accusations de Marchegay, d'imprimer synoptiquement, comme il l'a fait en appendice[1], d'un côté, l' « Inventaire général » de Marchegay, simple récolement dans lequel chaque article est représenté par une seule ligne de titre, souvent sans indication de dates, toujours sans indication de nombre de pièces ou de folios, et — en face — son propre inventaire, dans lequel chacun des mêmes articles est analysé, souvent pièce par pièce, en une, deux ou trois colonnes d'un texte serré.

Il lui suffisait encore, pour faire apprécier à sa véritable valeur le grand travail de classement qu'il aurait méconnu, de rappeler que le chartrier de l'Hôtel-Dieu avait été mis dans un ordre excellent à la fin du XVIIIe siècle et, « pour tout dire d'un mot à qui sait comprendre, que l'immense majorité de la collection se compose de pièces triées, classées et *reliées par volumes*, avec double table en tête, et titres imprimés au dos, — pour le reste, de registres censifs, terriers ou comptes — le tout complété par une cinquantaine de liasses! — j'exagère, j'en ai compté quarante-huit à votre liste. — Qu'on juge déjà de cette immense fatigue

[1] « Inventaires comparés », p. 25 à 29 de la brochure.

« de la réunion, du triage, du choix des volumes! » Que sais-je? »

Il lui suffisait enfin, pour mettre à néant l'accusation de s'être « appliqué à faire disparaître les divisions établies » par son prédécesseur, de faire remarquer que le seul moyen qu'il eût d'en tirer quelque aide, c'était précisément de les conserver, mais que, d'ailleurs, une circulaire ministérielle du 10 juin 1854, sur le classement des archives hospitalières, avait substitué un cadre nouveau, absolument obligatoire pour les archivistes, à la division en trente-six chapitres imaginée par Marchegay.

Mais Port, quand on l'attaquait, n'était pas homme à se cantonner dans la défensive. Sa réponse est vraiment de bonne encre. En la lisant, Marchegay put méditer — à ses dépens — certaine définition de Villard de Honnecourt : « Vesci un porc-espi : c'est une biestelete qui lance se soie quand ele est corecie. » L'ironie de son successeur se donnait carrière sur certaine charte de 1127, écrite en vers latins rimés, que Marchegay avait jadis copiée et imprimée, sans s'en apercevoir, en prose — et sur « cette série de publications, d'invention si charmante, *une charte par canton*, qui vous permet de vider, sans peine aucune — et sans autre mérite — vos cartons encombrés, à l'admiration du monde savant, à la douce joie de vos confrères », et quelques autres traits.

L'attaque de Marchegay et toute cette polémique à l'emporte-pièce n'étaient pas sans quelque danger pour Port. Candidat, à cette heure-là même, au prix Gobert pour son *Dictionnaire historique de Maine-et-Loire*, il pouvait craindre l'effet des accusations de son prédécesseur sur l'esprit des juges académiques.

Elles n'en eurent aucun : « Vous avez dû comprendre, lui écrivait Rozière, le 27 mai 1877, par le vote unanime de l'Académie, que les attaques de Marchegay n'avaient eu aucune influence sur nous ». De son côté, le plus compétent et en même temps le plus pondéré des juges, M. Delisle, — et c'est par son appréciation que je veux clore l'incident, — lui écrivait le 28 mai : « La récompense que vous venez d'obtenir à l'Académie est la meilleure des justifications. Elle ne vous aurait pas été décernée si votre probité littéraire n'avait pas paru d'aussi bon aloi que votre érudition ».

Élu correspondant de l'Académie des inscriptions et belles-lettres le 22 décembre 1876, lauréat du premier prix Gobert le 25 mai 1877, Célestin Port semblait, à ce moment, avoir épuisé tous les honneurs que les Académies ont accoutumé de réserver aux savants de province. Il me reste à dire par quels travaux, en dehors de ses publications d'inventaire, il les avait obtenus et ne devait pas tarder à en mériter de plus grands encore.

III

Si l'activité de Célestin Port se fût limitée aux travaux d'archives dont nous avons donné la longue énumération, elle eût été digne assurément d'être proposée en exemple aux archivistes des autres départements; mais, si méritoire que puisse être la rédaction d'inventaires, de pareilles œuvres ne sauraient procurer à leurs auteurs qu'une réputation en quelque sorte professionnelle, qui ne dépasse guère le cercle restreint des hommes du métier et des purs érudits. Pour conquérir la notoriété auprès du grand public, les savants doivent lui présenter les résultats de leurs recherches sous une forme plus littéraire. L'érudition la plus exacte, la science la plus solide ont besoin, pour se faire accueillir des non initiés, du passeport du talent. Ce sont surtout ses travaux d'historien qui ont valu à Célestin Port, avec le légitime renom qui demeurera attaché à son nom, les récompenses et les honneurs académiques et, ce qui vaut mieux, l'estime des meilleurs juges et la reconnaissance de tous les amis de l'histoire angevine.

De ses œuvres, il en est une qui, par son étendue et sa portée, domine toutes les autres : c'est ce *Dictionnaire historique de Maine-et-Loire*, qui est devenu, du jour même de sa publication, le livre de fond de toute bibliothèque angevine. Mais, quelle que soit l'importance de cet ouvrage, elle ne doit pas cependant nous faire regarder Port comme l'homme d'un seul livre. Ce que nous avons déjà dit de ses travaux, ce qu'il nous reste à en faire connaître, la liste seule de ses productions attestent que sa curiosité d'esprit et son ardeur au travail ont su grouper autour de cette œuvre capitale d'autres œuvres dignes encore d'estime et d'attention.

Un archiviste nouveau venu dans une province dont l'histoire lui est jusque-là demeurée étrangère ne peut avoir la prétention de débuter par des travaux d'une bien grande portée. Un apprentissage de plusieurs années lui est nécessaire pour se mettre au courant de l'histoire du pays, des travaux de ses devanciers, des ressources que peuvent lui offrir les archives locales. Il débutera donc forcément par de simples publications de textes ou par des études d'étendue restreinte.

Au moment même où Port arrivait à Angers, un recueil venait précisément de s'y créer pour donner asile à des documents ou à des travaux relatifs à l'histoire de la province. En fondant, en 1852, la *Revue de l'Anjou*, Marchegay, Albert Lemarchand et Léon Cosnier s'étaient proposé un double but : ouvrir un nouveau débouché aux études des érudits locaux ; assurer la publication des documents originaux de notre histoire angevine, celle surtout des travaux des anciens historiens de l'Anjou, que l'acquisition par la bibliothèque d'Angers et par les archives de Maine-et-Loire de la majeure partie du cabinet Grille venait de faire entrer en si grande quantité dans nos collections publiques. Les nombreux articles d'histoire locale insérés depuis cinquante ans dans la *Revue de l'Anjou*, la publication, dans ce recueil, des journaux de Guillaume Oudin et de Jean Louvet, de l'histoire d'Anjou de Barthélemy Roger, des travaux de Grandet, de Pocquet de Livonnière, de Rangeard, de Thorode attestent que le double but poursuivi par les fondateurs de la *Revue* a été atteint.

L'année même de son installation en qualité d'archiviste de Maine et-Loire, Port donnait à la *Revue de l'Anjou* deux communications intéressantes. La première, sur l'établissement des Filles de la Charité à l'hôpital Saint-Jean d'Angers, lui fournissait l'occasion de mettre au jour des lettres inédites de Mme Legras et de saint Vincent de Paul [1]. La seconde attestait, par la publication d'une curieuse lettre de rémission, la popularité dont jouissait encore en Anjou, à la fin du XIVe siècle, le fameux jeu-parti de Robin et Marion, du trouvère artésien Adam de la Halle.

Cette collaboration se continuait, les années suivantes, par la publication d'études sur le poète angevin René Tardif, sur les fêtages du Chapitre de Saint-Maurice, sur le Roi des violons de Paris et les maîtres musiciens d'Angers, sur le théâtre à Doué, sur la pyramide de Sorges, — article qui montre le peu de confiance qu'il convient d'accorder à la tradition, même lorsqu'elle porte sur des faits et des monuments vieux d'un siècle à peine, — sur les inondations et sur les tremblements de terre en Anjou, et sur divers autres sujets [2]. Cette collaboration à la *Revue de*

[1] Cette publication fut particulièrement goûtée de Natalis de Wailly. Remerciant l'auteur de l'envoi du volume, *Notes et Notices angevines*, dans lequel cet article était réimprimé, il lui écrivait (20 mai 1879) : « Je viens vous exprimer tous mes remerciements pour le rare et curieux volume que vous m'avez fait l'honneur de m'envoyer. J'ai remarqué en particulier et lu avec le plus vif intérêt la lettre de Mlle Legras. Ce qui édifie a pour moi bien plus de prix et d'attrait que ce qui scandalise. »

[2] *Bibliographie des travaux de Célestin Port*, n°s 7 à 15, 17 et 18.

l'Anjou devait se continuer, presque sans interruption, pendant près de quarante années. Elle devait être particulièrement active au cours de la publication du *Dictionnaire de Maine-et-Loire*. Certaines « questions angevines », dont le souci des justes proportions du Dictionnaire ne permettait de donner la solution que d'une façon trop brève, furent élucidées dans la *Revue* en une série de piquantes dissertations qui sont au nombre des pages les plus achevées qui soient sorties de la plume de Célestin Port.

Mais, à l'époque de ses premières années de collaboration à la *Revue de l'Anjou*, le littérateur et le poète le disputaient encore chez Célestin Port à l'archiviste et à l'historien. Au moment même où un article aussi documenté que son étude sur les inondations dans le département de Maine-et-Loire semble l'engager de plus en plus dans l'étude des documents originaux, on le voit prendre, en octobre 1856, la direction d'un petit journal hebdomadaire, l'*Album angevin, journal du théâtre, de la littérature et des arts*, qui se publiait, depuis quelques années déjà, chez l'imprimeur Julien Lecerf.

« Sans coterie, sans parti pris, sans liaison gênante d'aucune sorte, sans autre entrainement qu'une certaine fierté de cœur et quelque indépendance de caractère, je m'amuse à tenter ici, à mes moments perdus, une manière de revue littéraire où la poésie, le sentiment des arts et de tout ce qui est beau et bon au monde, où la critique honnête et sans scandale, où l'imagination alerte et gracieuse, où l'histoire et l'archéologie même s'essaient à se faire aimer. Quoi qu'il arrive et tant que le cœur m'en dira, j'y trouverai tout ce que j'y ai cherché, un délassement d'études austères, qu'on accuse sans cesse de ne pas savoir sourire, un refuge, aux heures d'ennui, contre l'indifférence littéraire de la province, et quelque chose enfin, en tout temps, qui m'entretienne cette fièvre intellectuelle de la vie parisienne dont j'ai vécu vingt-cinq ans et dont le tressaillement généreux m'agite encore.

« Je sais au moins des sympathies qui font route avec moi,

et quelque part aussi des amitiés auxquelles je pense en écrivant ces lignes et dont je ne déchoirai pas[1]. »

Port avait su grouper autour de lui, dans cette tentative de décentralisation littéraire à laquelle il apportait toute sa juvénile ardeur, un certain nombre de collaborateurs angevins : d'abord, des professeurs du Lycée, Charles Gidel, Jules Girardin, — l'auteur de tant de charmants récits pour la jeunesse, qui signait Hamély, — Claude Desprez, Victor Cune; puis Alfred Garin, Charles Dumont, Adrien Maillard, Grüber, Paul Belleuvre, Albert Lemarchand, Aimé de Soland. D'anciens amis y écrivaient de Paris, Édouard d'Anglemont, Jules Prével, Louis Lacour, — un camarade d'École des chartes, — qui signait Gaston Vorlac la Chronique parisienne.

Le ton du journal était des plus variés. Port s'y prodiguait, tantôt sous son nom, tantôt sous des pseudonymes divers. La verve du jeune homme dont un portrait de cette date nous a conservé la fine silhouette, semait sans compter, dans chaque numéro de cet *Album*, — pour lequel son directeur conserva toujours au fond de l'âme une secrète tendresse, — vers et prose, chroniques théâtrales, articles de critique littéraire, notices alertes sur la vie, l'histoire, les antiquités angevines. Je note, parmi ces dernières, de courts, mais instructifs articles sur les légendes angevines, sur les dictons angevins, sur l'église Saint-Serge, sur le jardin botanique d'Angers, les fleurs en Anjou, l' « Andouille des avocats d'Angers », les Archives départementales.

Ce joli feu d'artifice se renouvela chaque semaine pendant six mois. Le littérateur jugea-t-il alors que ce mélange de badinage et de raison ne répondait plus au goût du jour[2] ? l'archiviste de la Préfecture craignit-il, à

[1] *Album angevin*, 21 décembre 1856.

[2] « A quoi bon, si le goût du jour est à la chronique méchante, enfiellée, — lâche et traitresse, — à quoi bon sacrifier au goût du

la suite d'une polémique assez vive avec l'*Union de l'Ouest*, au sujet du XVIIIe siècle, de se laisser aller à quelque imprudence et « que l'écho ne répétât l'air qu'il chantait entre les dents »[1]? ou, tout simplement, l'élève de l'École des chartes s'avisa-t-il que c'était bien du temps dérobé à des labeurs plus sérieux? Toujours est-il que, dans le numéro du 29 mars 1857, Port prenait en ces termes congé des lecteurs de l'*Album* :

« Et maintenant, ami lecteur, adieu — oui, adieu.

« Voici bien dix mois, n'est-ce pas? que nous conversons ensemble, et que, chaque dimanche, à ton heure, je t'apporte mes quatre pages, archéologie, musique, critique ou fantaisie, vers ou prose, sous un nom ou sous un autre, suivant le hasard du jour ou le caprice de la semaine. J'y allais de bon cœur et sans grand scrupule, te causant à demi-voix comme à un ami la joie, la peine, trompant les heures, cherchant l'oubli. — Pourtant, adieu. J'entends en moi quelque chose qui se plaint et murmure. Des études plus austères m'appellent, des devoirs plus sérieux que je ne veux pas encore répudier, — qui sait? des espérances plus hautes, et de ces tentations qui souffrent de tant de hâte et demandent tous les loisirs. — Au moins, au départ, laisse-moi me rendre ce témoignage que je t'ai respecté, et que la plume que j'abandonne n'a servi qu'à maintenir des traditions d'indépendance et d'honnêteté.

« Et toi, mon petit *Album*, ne crains pas, non, ne crains pas que je t'oublie. »

Il était temps, en effet, de revenir à des travaux plus graves. Des devoirs nouveaux s'imposaient d'ailleurs à Port. Il venait de se marier (30 décembre 1857) : « un mariage entre les muses, auquel j'applaudis de grand

jour le respect de soi-même et les espérances généreuses d'un travail honnête? Quand nous laisserons là notre plume naïve de journaliste, que notre main n'en ait gardé aucune souillure, et qu'elle puisse s'offrir sans crainte de refus à la main loyale des gens de cœur. »

[1] Jules Lair, *Notice sur la vie et les œuvres de M. Célestin Port*, in-4°, p. 9.

cœur », écrivait Quicherat, — mariage contracté dans des circonstances qui faisaient le plus grand honneur au désintéressement de Port. D'un autre côté, ses maîtres, ses amis commençaient à s'inquiéter de n'avoir vu, en quatre ans, venir d'Angers que quelques articles de revue ou des fantaisies littéraires. Un début tel que l'*Histoire du commerce maritime de Narbonne* faisait présager des travaux de plus de portée.

Les inquiétudes de ceux qui s'intéressaient le plus à l'avenir de Port se traduisent dans une lettre de Quicherat, en date du 27 décembre 1858 [1] :

« Mon cher fils, vous me marquez que vous avez vingt-neuf ans, et je dis, moi, que vous n'en avez pas quinze. Vous aimez tout et vous vous abattez sur tout pour picorer, mais non pas à l'instar des mouches qui composent le miel. Voyez celles-là, comme elles sont sages et réfléchies dans leur conduite. Elles vont chercher d'abord la substance de la cire, bâtissent leur logette et ne pompent le sirop des fleurs que lorsqu'elles ont de quoi le déposer.

« Avez-vous jamais fait comme cela? Vous êtes-vous dit sérieusement une seule fois : je vais construire l'alvéole où je déposerai le produit de mon talent ? Vous êtes-vous seulement demandé ce que ce talent voulait ou devait produire ? ô impétueux ! ô inconstant ! ô imprudent !

« Cependant, si la raison ne vient pas, les années s'accumulent. Vous ne produisez rien et, avec votre instruction étendue, votre esprit et tant de facultés brillantes, vous êtes distancé par des lourdauds qui, relégués encore plus loin que vous et dans des milieux plus ingrats, font imprimer, envoient leurs élucubrations à Paris et ont acquis déjà une manière de réputation.

« Vous croyez que c'est pour rire que je vous dis de rem-

[1] La majeure partie de cette lettre a déjà été donnée par M. Lair, qui a eu, comme moi, communication de la correspondance de Quicherat avec Port. Je la reproduis cependant, à raison de son intérêt. Je donnerai, un peu plus loin, d'autres extraits de cette correspondance qui auraient plus difficilement trouvé place dans une notice académique. Quicherat était peu académique : on le lui fit bien voir en 1871, — et ce fut tant pis pour l'Académie.

plir vos devoirs de correspondant du Comité ; mais pas du tout. A moins d'avoir des patrons puissants qui vous haussent dans leurs bras par-dessus la tête des autres, on n'est connu que par ses œuvres. Comment voulez-vous que les gens dont les recommandations ont besoin d'être appuyées sur des preuves réussissent, quand ils parleront pour M. Port, s'ils ne peuvent pas dire : « M. Port a fait ceci, M. Port a fait cela » ?

« *Item*, vous vous y prenez très mal lorsque, pour attirer l'attention sur vos travaux, vous allez montrer aux gens tout le bataclan de votre petite cuisine. Ce que vous leur dites là-dessus est de l'hébreu pour eux ; mais mettez-leur dans une forme agréable et qui convienne à leur intelligence le résultat de vos recherches, ils ne seront pas plus insensibles à ce que vous aurez fait pour leur plaire que ne l'est le préfet des autres départements aux archivistes qui font des livres et conquièrent par là leur droit de cité.

« Ma conclusion est celle-ci : vos ennuis viennent de ce que vous vous donnez de la peine qui n'aboutit à rien, et vous n'aboutissez pas parce que vous n'avez pas de but.

« Faites-vous un but auquel tende l'emploi de ce que vous amassez.

« Faut-il vous en indiquer un ? La faveur, pour le présent, est aux recherches géographiques et topographiques. Vous avez entrepris deux répertoires qui vous fourniront les matériaux d'un beau mémoire sur l'ancienne division du sol angevin depuis les origines les plus lointaines jusqu'au XIIIe siècle. Composez-nous ce mémoire-là avec lucidité, avec sobriété, avec critique ; introduisez dedans les indications qui ressortent de tous les monuments celtiques, romains, chrétiens qui ont été signalés, sans oublier les monnaies et médailles et les chartes. Quand tout cela sera fait, vous me l'enverrez et je vous le ferai insérer dans la *Revue des Sociétés savantes*, qui est une revue où les articles se payent. Après quoi vous en ferez un autre sur un sujet différent[1], et ainsi de suite. Et voilà venir l'honneur et l'argent, et une destinée qui vous semble à vous, ingrat,

[1] Dans une autre lettre, Quicherat indique à Port, comme sujet de travail, « la critique de la chronique ou du roman qui a pour titre : *De compositione castri Ambasiacensis* ». Le sujet reste encore à traiter aujourd'hui.

filée de fil bis, se montre à mes yeux toute d'or et de soie. Agréez cet augure pour vos étrennes et prenez le dessus sur votre folle cervelle. »

Une autre lettre (11 octobre, sans indication de l'année, — peut-être 1863) renferme des conseils dont tous les travailleurs pourront faire leur profit :

« Je ne parle pas du répertoire topographique : c'est une autre paire de manches. Il y a là beaucoup de temps et de travail à dépenser. On ne l'exige pas de vous. Cependant, si vous ne l'entreprenez pas, vous en laisserez le mérite à un autre. Croyez moi, prenez cette tâche. Je vous la conseille, non pas tant à cause de la rémunération que cela pourra vous valoir, — car le Ministère de l'instruction publique est de ces prometteurs qui n'ont rien à donner, — que parce que c'est un but de travail et que vous trouverez là l'occasion, qui vous a manqué jusqu'ici, de vous jeter dans la pleine eau du document. La passion pour les chartes ne vient que dans le cours de ces grandes entreprises. On se met à les dépouiller à un seul point de vue ; puis, chemin faisant, on est ébloui des innombrables aperçus qui en sortent, et, finalement, on arrive à cet état de grâce où l'on ne demande plus ce que l'on a à faire des trésors que l'on a à sa disposition, mais où l'on regrette que la vie soit trop courte pour pouvoir les mettre à profit. C'est là, mon cher fils, que je souhaite que vous parveniez, en vous envoyant ma bénédiction par-dessus le marché. »

Ces conseils ne devaient pas tarder à porter leurs fruits. L'inventaire des Archives départementales, celui des Archives municipales d'Angers, qu'il menait de front avec l'ardeur que l'on a vu, avaient, comme le souhaitait Quicherat, jeté Port dans « la pleine eau du document ». De temps à autre, il se permettra bien encore quelques distractions littéraires. Ce sera, par exemple, en 1865, une poésie sur Vercingétorix, destinée à un concours de l'Académie française[1]; ce sera, la même année, un prologue en

[1] Voyez, dans la notice de M. Lair, p. 16, une lettre amusante de Quicherat à l'occasion de cette pièce de vers.

vers pour l'inauguration du théâtre Auber, fondé par M. Hetzel, directeur du Conservatoire de musique d'Angers, beau-père de Port; quelques années plus tard, également en vers, une « berquinade bretonne », *Quand même*, publiée dans la *Revue de l'Anjou*, et *Temps passé*, autre poésie, parue dans le même recueil; en 1871, un autre prologue en vers, pour l'inauguration du nouveau théâtre d'Angers; enfin, en 1877, *D'un amour à l'autre*, fantaisie en un acte, — sa dernière fantaisie littéraire. Mais, ce ne seront plus là pour Port que des distractions. Son labeur va désormais se concentrer sur deux grands travaux, l'un sur Angers, l'autre sur l'Anjou tout entier. Ce dernier, qui sera la grande affaire de sa vie, absorbera pendant vingt ans toute son activité. Même les articles historiques que, durant cette période de vingt années, il donnera à la *Revue de l'Anjou* se rattacheront par quelque lien à ces deux grandes entreprises.

L'ouvrage sur la ville d'Angers parut le premier, au commencement de 1869[1]. Il se présentait sous la forme modeste d'une réimpression annotée d'un petit volume du XVIIIe siècle, la *Description de la ville d'Angers*, par Péan de la Tuilerie, prêtre de Château-Gontier. Ce guide de voyageur, « sans critique ni précision, mais où se rencontrent des renseignements inappréciables », était devenu d'une insigne rareté. L'annotation de Port, pour laquelle il utilisa ses dépouillements des Archives départementales, et surtout ceux des Archives municipales, en fit véritablement un ouvrage original, aussi critique sous sa forme nouvelle qu'il l'était peu dans l'édition primitive. On s'y méprit cependant à distance, et le rapport sur le concours des Antiquités de la France déclara que c'était vraiment « consacrer trop de soins et d'estimables labeurs » à la réimpression d'un ouvrage dont toute la science de l'anno-

[1] *Bibliographie des travaux de Célestin Port*, n° 61.

tateur parviendrait difficilement à faire un bon livre. Les Angevins — et d'autres encore que les Angevins — en jugèrent différemment[1]. Même encore à l'heure actuelle, ils savent bien que c'est dans ce volume, petit de format, mais gros de pages et de substance, qu'ils trouveront, sous la forme la plus condensée, les renseignements les plus sûrs et les plus précis sur les monuments, les rues, les hôtels et les vieilles maisons d'Angers. En quelques mois, le nouveau Péan devint presque aussi rare que l'ancien. Ce succès était pour engager Port à reprendre quelque jour, « sous une forme plus libre » et « d'ambition plus haute », comme sa préface en contenait la promesse, un travail si bien accueilli.

Mais il n'y pouvait songer en 1869. Cette année-là même, en effet, le 1er octobre, il commençait chez Barassé l'impression du grand ouvrage dont la préparation absorbait depuis dix ans le meilleur du temps que lui laissaient libre ses devoirs de fonctionnaire, qu'il eut toujours à cœur de ne pas laisser en souffrance, « œuvre immense, écrivait-il, où j'ose entreprendre, sans devanciers pour me faciliter ma tâche, de rechercher et de raconter jusqu'à nos jours l'histoire des localités les plus ignorées de l'Anjou et la biographie des Angevins, et telle qu'aucun département, — si j'ai aide et vie à suffisance, — n'en pourra montrer d'aussi complète et d'aussi consciencieusement laborieuse ».

Cette fois-ci, Quicherat ne pouvait plus se plaindre que Port jetât sa poudre aux moineaux. Le travail latent de tant d'années de préparation laborieuse allait éclater en pleine lumière. Aussi Quicherat ne cache-t-il pas sa joie :

Cambrai en Cambrésis, 13 juin 1869.

« L'entreprise que vous m'annoncez me met dans le ravissement. Loin de la débiner, j'y applaudis de toute ma force.

[1] Voyez le compte rendu inséré par M. d'Arbois de Jubainville dans la *Bibliothèque de l'Ecole des Chartes*, 6e série, t. V, 1869, p. 700-701.

« Vous allez donner là le modèle d'une sorte d'ouvrage que chaque département voudra avoir à son tour, et vous utiliserez d'un seul coup toutes vos recherches passées. L'ouvrage est fait ou peu s'en faut, puisque les matériaux sont recueillis ; vous n'avez pas à vous préoccuper de la rédaction. La rédaction doit être aussi simple que possible. Précision et clarté ; pas de phrase ; pas un seul mot qui soit à une autre fin qu'instruire. »

Et, à la réception du spécimen (29 août 1869) :

« Le spécimen de votre dictionnaire historique... n'a pas perdu pour attendre dans mon domicile désert.

« A la bonne heure ! voilà un livre comme il en faut au siècle, un livre tout plein, et exclusivement plein, de renseignements sûrs. Puisse-t-il vous rapporter en gros sous la compensation de la peine que vous vous êtes donnée pour en recueillir les éléments ! Si vous n'en vendez pas 5.000 exemplaires dans le département, les Angevins ne sont plus des hommes. »

L'impression en train, Quicherat ne marchande pas plus les éloges qu'il n'avait fait les encouragements :

10 février 1872.

« J'ai coupé et parcouru vos deux feuilles. J'admire de plus en plus l'étendue de vos recherches. C'est la substance de vos archives et de la littérature angevine que vous avez mise à la portée du public. Soyez certain qu'un si vaste répertoire, composé avec cette conscience, vous fera honneur, et avouez, sans fausse modestie, que c'est un modèle auquel les hommes studieux des autres départements ne sauront mieux faire que de se conformer. »

La marche régulière et le succès de l'entreprise s'affirmaient à chaque nouvelle livraison. Les débuts, cependant, n'avaient pas marché sans encombre. A l'apparition de la deuxième livraison, la notice biographique de Mgr Angebault, décédé quelques semaines auparavant, avait excité chez les vicaires capitulaires une émotion qu'on a quelque peine à comprendre aujourd'hui : l'imprimeur avait dû opter entre la clientèle de l'Évêché et celle de l'archiviste départemental. Continuée chez Lemesle, en février 1870, l'impression s'était trouvée arrêtée à la dixième feuille, d'abord par la guerre, puis par le mauvais état des affaires du nouvel imprimeur. A peine reprise, en janvier 1872, à l'imprimerie Lachèse, voici que deux articles de la lettre B, l'un sur un personnage de la Révolution, l'autre sur un combat de la dernière guerre, soulèvent des réclamations, même des menaces de procès[1]. Enfin, les sympathies non dissimulées de l'auteur pour les hommes et les choses de la Révolution[2] suscitent des critiques, des polémiques. Ajoutez-y, brochant sur le tout, la tension des rapports entre le préfet et l'archiviste, au lendemain du 24 mai.

Par deux et trois fois, Port, découragé, veut jeter son manuscrit au feu. Quicherat réconforte de son mieux son trop impressionnable ami :

13 novembre 1869.

« ... Maintenant gardez-vous de toute détermination précipitée. On ne jette pas au feu, comme vous parlez de le faire, le travail de plusieurs années. Laissez s'ébruiter l'étrange abus d'autorité dont vous êtes victime ; l'opinion se prononcera peut-être de telle sorte que celui qui vous a si lâchement abandonné reviendra à vous. D'ailleurs l'avenir, un très prochain avenir, verra se produire du changement dans les choses et dans les esprits. Calmez-vous et attendez... »

Et, à la seconde ou à la troisième alerte :

23 juillet 1873.

« ... Votre 31e livraison m'est arrivée en même temps. Je l'ai lue, comme je les lis toutes, et je ne me lasse pas de

[1] Voyez les additions et corrections des tomes I et II pour les articles P.-V. Benoist et La Bertraie.

[2] Préface, p. IX. « Quant à renier ou à dissimuler sa foi, où donc serait la joie, l'honneur d'écrire ? Et par ces temps passés de menaces sourdes ou bruyantes, la force qui m'assurait contre toute crainte et toute faiblesse, n'était-ce pas cette passion même librement avouée et que l'âge n'amortit pas, pour la justice et pour la vérité, — avec l'horreur de toutes les servilités triomphantes ? »

dire : *Pulchre, bene, recte.* C'est toujours le même excellent travail, pioché à fond, sincère, exact, d'un esprit qui peut déplaire aux Freppel, mais qui me plaît, à moi. »

Les choses s'apaisent enfin. Ceux-là même qui sont le plus éloignés des opinions de l'auteur ne peuvent se refuser à reconnaître l'immensité de l'effort, le talent de la mise en œuvre, la loyauté — je ne dis pas l'impassibilité — de la rédaction. Le *Dictionnaire* reprend donc sa marche régulière. Bientôt même, il va doubler les étapes en doublant la tâche, jugée pourtant au début impossible. Au lieu d'une, ce sera « chaque mois, à jour fixe, sans y jamais manquer, deux de ces feuilles grand in-8° compact, à deux colonnes de 130 lignes à la page, qui représentent la matière d'un joli volume, hérissé d'abréviations, de noms propres, de chiffres, de dates sans nombre, dont une seule, laissée incertaine, m'arrêtait des heures et des jours[1] ».

Le succès local est désormais assuré, — bien qu'on demeure fort loin des 5.000 souscripteurs un peu trop libéralement escomptés par Quicherat. Port aspire alors à la consécration des lauriers académiques. Il songe d'abord au concours Gobert. Fort sagement, M. Delisle l'engage à débuter par le concours des Antiquités nationales, et Quicherat se range à cet avis dans une lettre qui ne dissimule pas son sentiment intime sur les concours en général.

Paris, 15 novembre 1873.

« Mon cher Port,

« Vous dites que je me porte comme un charme tandis que vous avez la fièvre, que je mène des jours filés d'or et de soie pendant que vous êtes en lutte contre les importuns et les contrariants, que je m'épanouis au soleil tandis que vous vous étiolez dans les ténèbres. C'est là l'effet prodigieux de votre imagination. J'ai toujours été d'une chétive santé, et ne suis pas délivré sur mes vieux jours des incommodités qui ont affligé ma jeunesse. J'ai des luttes à soutenir auprès

[1] Préface, p. VIII.

desquelles celles dont vous vous plaignez ne sont que des amusements. J'éprouve beaucoup plus de tracas que vous, parce que j'ai dans la main une poêle dans laquelle il y a à frire beaucoup plus de poissons que dans la vôtre ; et enfin, je n'ai pas lieu d'être dans la jubilation et l'épanouissement quand je me vois contraint de laisser là les travaux dont je me proposais de faire le couronnement de ma vie, pour me livrer à une besogne qui ne me rapporte rien, pas même les moyens de mener une autre existence que celle d'un étudiant de quarantième année.

« Laissons cela et parlons de l'affaire au sujet de laquelle vous me consultez.

« Delisle vous fait une proposition, et là-dessus l'idée vous vient d'enfourcher un autre dada. Eh bien ! croyez-moi, rengaînez cette idée-là. Je comprends parfaitement que vous aimeriez mieux obtenir un prix de mille ou quinze cents francs qu'une récompense de cinq cents ; je conviendrai sans peine que ce que vous avez publié de votre dictionnaire renferme plus de recherches et de travail que des ouvrages auxquels a été décerné même le prix Gobert. Mais les prix académiques ne sont pas décernés ainsi que votre imagination — toujours la même imagination — vous le suggère. On les donne à la recommandation d'un patron qui a su faire valoir de certaines apparences et qui a, de longue main, préparé l'esprit des commissaires qui rendent le jugement. C'est ainsi aux Inscriptions et Belles-Lettres et dans toutes les autres sections de l'Institut. Delisle, qui a été nourri dans le sérail et qui en connaît les détours, qui sait probablement que le second prix Gobert est, à l'heure présente, décerné *in petto*, qui voit jour à vous faire obtenir une médaille au concours des Antiquités nationales, et pas autre chose pour le moment, Delisle vous fait une ouverture que vous devez accepter avec reconnaissance, sans l'embarrasser en lui demandant davantage. Laissez-le faire. Lorsque votre publication sera plus avancée, il reviendra à la charge ; j'en suis sûr, puisqu'il a l'œil sur vous et qu'il est bon juge du genre de talent dont vous faites preuve dans votre travail.

« Je viens de vous en dire assez long sur les concours pour vous laisser entrevoir que je n'en raffole pas. Dussé-je encourir votre indignation, je vous déclare que j'en suis l'adversaire déterminé. J'ai contribué pour ma part à faire abolir celui des Académies universitaires que vous regrettez. Notre dissentiment sur ce point vient de ce que vous voyez les choses de loin, tandis que je les vois de près. Appel au talent, émulation entre les hommes studieux, récompense du vrai mérite, voilà le mirage que fait apparaître aux yeux éblouis le mot de concours. S'est-on jamais inquiété si l'on trouverait des juges capables et, en supposant la compétence chez ceux dont on compose le jury, s'ils auraient le temps de consacrer des semaines et des mois à l'examen des ouvrages qui leur sont soumis? Il n'y a qu'un juge des travaux de l'esprit, c'est le public. Chez les peuples libres, qui sont des peuples pratiques, il n'y a pas de ces épreuves niaisement renouvelées des Jeux olympiques. J'espère bien que, lorsque la France sera devenue républicaine, elle jettera cela de côté comme tant d'autres marottes dont a amusé sa servitude. »

Port se rendit aux sages avis de Quicherat et, en 1874, il obtint la troisième médaille au concours des Antiquités de la France[1]. Trois ans après, et l'ouvrage approchant de son terme, l'Académie des inscriptions lui décernait, conformément encore aux prévisions de Quicherat, la plus haute des récompenses dont elle dispose, le premier des prix fondés par le baron Gobert « pour le travail le plus savant et le plus profond sur l'histoire de France et les études qui s'y rattachent ».

« Fruit de longues, persévérantes et pénétrantes études, disait le président de l'Académie, M. Ravaisson-Mollien, le *Dictionnaire historique, géographique et biographique de Maine-et-Loire* est un monument tel que n'en possède encore aucun de nos départements, tel qu'il serait bien à désirer que chacun d'eux en possédât un. De tous les documents imprimés ou manuscrits qui pouvaient offrir à M. Port un renseignement utile, on peut dire que pas un, de quelque nature et de quelque époque qu'il soit, ne lui a échappé; et les matériaux immenses qu'il a amassés, il les a mis en œuvre

[1] Voy. dans la *Bibliothèque de l'École des chartes*, t. XXXV, année 1874, p. 615-616, l'appréciation du rapporteur du concours, M. de Longpérier, sur le tome Ier du *Dictionnaire*, le seul paru à cette date.

avec une impartialité irréprochable, un esprit d'ordre et de critique des plus rares, un grand art de distribution et d'exposition, un style qui, s'il n'est pas toujours exempt de bizarrerie, est toujours vigoureux et original. »

Le jugement de l'Académie a été ratifié par tous ceux qui ont eu à se servir du *Dictionnaire de Maine-et-Loire.* Par l'abondance et la nouveauté d'une information puisée aux sources mêmes, par la sûreté d'une critique en sage défiance des légendes qui, en tout pays, encombrent et défigurent si souvent l'histoire locale, par la sobriété et en même temps la vivacité de la forme, ce grand ouvrage constitue, en effet, le résumé le plus complet, le plus sûr et le plus attrayant de l'histoire d'une province envisagée aux points de vue les plus divers, histoire des événements et histoire des institutions, biographie des personnages, histoire et description des monuments, histoire littéraire, histoire artistique.

Il n'est pas besoin d'être du métier pour reconnaître bien vite quelle somme prodigieuse de lectures et de dépouillements, que de courses et de vérifications sur les lieux mêmes représentent ces trois gros volumes, de 800 pages chacun, à deux colonnes, d'un texte si serré et, malgré cela, d'une consultation si facile, je dirais volontiers si attirante, que je sais bien des gens qui, le livre ouvert pour un renseignement, ont peine à le refermer et s'oublient à flâner délicieusement à travers cette suite de notices d'un tour si aisé, où, si familier que l'on soit avec l'œuvre, on découvre chaque fois quelque chose de nouveau et d'inaperçu.

Si, au début, Port trouva quelque aide dans les notes de biographie angevine réunies par Toussaint Grille, qui lui suggérèrent la première idée de son propre travail[1], il dut

[1] *Dictionnaire historique de Maine-et-Loire,* t. II, p. 306, art. GRILLE. « Les propres travaux de Grille, ses notes innombrables sur tout l'ensemble et sur chaque détail de l'histoire angevine,

bientôt « poursuivre les documents eux-mêmes et en aborder directement le dépouillement et la mise en œuvre dans le détail le plus minutieux, ...défricher en pionnier, s'avancer en découvreur et, en fin de compte, au lieu d'une bâtisse vulgaire en terrain d'emprunt, élever pierre à pierre, au centre d'un domaine tout entier conquis, un édifice pour le moins solide, d'accès facile, d'abri sûr aux travailleurs, avec des vues ouvertes de toutes parts sur les voies nouvelles et même sur la moisson[1] ».

Tel qu'il se présente à nous, le *Dictionnaire historique de Maine-et-Loire* constitue une véritable encyclopédie historique et archéologique de la partie de l'ancien Anjou compris dans les limites actuelles du département de Maine-et-Loire. C'est d'abord un répertoire topographique, donnant les noms de tous les lieux habités — près de 11.000 — avec leurs formes anciennes fournies par les inscriptions, les monnaies, les chartes, les chroniques, les aveux, les comptes. C'est ensuite un dictionnaire historique, faisant connaître sur chaque localité, ville, bourg, village, château, fief, maison ou ferme, tout ce qu'en apprennent les documents avec, pour chaque fondation locale,

réservées d'abord par la famille, viennent d'être aussi réunies aux collections municipales. En laissant de côté la partie topographique, qui ne comprend que quelques documents épars et des annotations sans intérêt, non plus que ses dossiers sur les généralités de l'histoire angevine, il faut signaler ses cartons de Biographie, qui, pour la partie antique, renferment au moins un dépouillement des principaux livres et de précieux renvois aux collections. L'auteur y avait réuni même, autant que possible, des brochures, des plaquettes, le titre quelquefois seulement d'ouvrages rares, tous les renseignements utiles à son œuvre, qui dans les premiers temps m'ont frayé le chemin. Je lui dois, en ayant eu communication par ses héritiers dès les premiers jours, l'idée de la mienne, la confiance qui m'a engagé à la composer, et, pour nombre d'articles, des indications ailleurs introuvables En dehors de ce grand travail, que seul et à son heure il pouvait dignement terminer et qui est à peine ébauché par parties, Grille n'a rien laissé de lui, — maintenant que son cabinet est dispersé, — qui puisse témoigner, comme il le méritait, de sa science si profonde de toutes les antiquités et de toutes les traditions angevines. »

[1] Préface, p. IV

église, abbaye, prieuré, hôpital, école, « tout ce qui se peut à cette heure recueillir, avec des séries de noms qui ne paraîtront ni faciles à établir, ni indifférentes aux curieux non plus qu'aux travailleurs[1] ». C'est encore un répertoire archéologique, dans lequel un témoin « qui a fait son possible pour bien voir » relève les vieux débris celtiques, les voies antiques, les inscriptions, les croix des chemins, décrit les monuments religieux, les édifices civils et en signale les richesses d'art. C'est enfin une biographie de tous les personnages de quelque notoriété, nés dans le département ou mêlés à son histoire, dans laquelle ont pris place, « au-dessous des *illustres*, groupe restreint de noms, maintes fois et sans cesse racontés sur la foi de la tradition première,... une foule murmurante d'inconnus ou d'oubliés qui ont eu leur jour d'honneur ou d'autorité, qui ont un droit et réclament une place, dès que s'ouvre un coin de lumière, dans un recueil exclusivement provincial[2] ».

Est-ce à dire, avec le Président de l'Académie des inscriptions, qu'aucun des documents imprimés ou manuscrits qui pouvaient lui fournir un renseignement utile n'ait échappé à Célestin Port? Non, sans doute, et lui-même ne le pensait pas, comme l'attestent ces deux exemplaires interfoliés du *Dictionnaire* dont les marges et les pages intercalaires sont couvertes et comme criblées des additions recueillies par lui au cours de ses lectures et de ses travaux d'inventaire pendant les vingt dernières années de sa vie, supplément précieux que la main pieuse d'un fils ne tardera pas, nous l'espérons bien, à donner à l'œuvre paternelle[3].

[1] Préface, p. V.

[2] Préface, p. VII.

[3] La bibliographie des œuvres de Moïse Amyraut que contiendra une prochaine livraison de la *Revue* donnera une idée de l'importance que présentent les additions pour certains articles.

Malgré les omissions[1], malgré peut-être quelques inexactitudes inévitables dans un travail d'une pareille étendue, poursuivi et mené à bien en province, « avec les modestes ressources de la province », Port, l'œuvre achevée, avait le droit de s'écrier : *Exegi!*

« *Exegi!* — J'ai commencé presque jeune, j'achève presque vieux d'années ce *Dictionnaire*. Ah ! s'il était à recommencer, comme je ferais mieux ! — Qui sait pourtant ? — Et pourquoi ne me laisserais-je pas aller à croire que l'œuvre est bonne, sur la bienvenue qui lui est faite ? Semée aux vents feuille à feuille, elle était recueillie de toutes mains et lue ligne à ligne, comme un roman de fantaisie, sans qu'elle se soit prêtée, pour mieux plaire — et je prie qu'on m'en tienne compte — à aucune concession de complaisance ou de coquetterie. Si jamais j'avais eu quelque rêverie d'honneurs, j'ose dire qu'elle m'en a comblé jusqu'à défier toute espérance nouvelle ! Et comment oublierais-je tous les bienfaits d'entraînement, de discipline, de constant renouvellement d'âme que je lui dois ? Le jour où est partie, pour ne plus revenir, la dernière page avec la dernière épreuve, il m'a semblé que, d'un seul lambeau, vingt années se détachaient de ma vie, dans un sentiment de détresse qui dure encore[2]. »

C'est par ces lignes de Célestin Port que l'abbé Ulysse Chevalier a terminé l'Introduction de son grand *Répertoire des sources historiques du moyen âge*. Cet *Exegi!* pourra bientôt aussi être repris par un autre émule de Port, l'abbé Angot, lorsqu'il aura achevé la publication de ce Dictionnaire historique du département de la Mayenne, dont un arrondissement, celui de Château-Gontier, appartient pour les deux tiers à l'Anjou. Port avait encouragé l'entreprise et applaudi aux débuts de l'œuvre :

[1] Le dépouillement méthodique des grandes collections des Archives nationales et de la Bibliothèque nationale que Port, retenu à Angers par ses fonctions, n'a pu utiliser que d'une façon incomplète, fournirait certainement au *Dictionnaire de Maine-et-Loire* un supplément important. Il y aurait dans ce labeur méritoire de quoi tenter le zèle d'un jeune angevin de loisir.

[2] Préface, p. XI.

« Bien d'autres m'ont aidé, dit l'auteur, mais personne autant que celui qui m'a donné l'exemple, frayé la voie, fourni enfin un plan auquel il n'y a rien à reprendre. Je remercie M. Célestin Port... qui, si souvent, dans la préparation de mon travail et depuis l'apparition des premières feuilles, m'a crié : Courage ! »

C'est le mérite et la récompense des bons livres d'être utiles non seulement par eux-mêmes, mais encore par l'exemple et le modèle qu'ils donnent aux bons travailleurs.

IV

Port venait d'avoir cinquante ans au moment où s'achevait l'impression du *Dictionnaire historique de Maine-et-Loire*. Avec son besoin d'activité intellectuelle, il devait chercher à sortir, le plus promptement possible, de la « détresse » dont les dernières lignes de sa préface portaient le témoignage.

Deux entreprises de longue haleine le tentèrent successivement, sans que, pour des raisons différentes, aucune des deux ait pu aboutir.

Il avait été frappé bien des fois, au cours de la rédaction de son *Dictionnaire*, de l'insuffisance et souvent même de la nullité des répertoires biographiques, sitôt que, sortant du cercle des illustrations de premier plan, on leur demande de vous renseigner sur quelque personnage de notoriété plus discrète. Si ceux qui ont tenu une plume sont encore assez bien traités dans ces recueils, les hommes d'action, dans quelque ordre que se soit exercée leur activité, y sont généralement passés sous silence. Port sentait par son expérience personnelle combien il serait utile de posséder, auprès des biographies universelles, une biographie nationale, ouverte à tous ceux qui, à un moment de leur existence, ont joué un rôle ou tenu une place dans la vie d'un pays, telle qu'il en existe à l'heure actuelle chez presque toutes les nations de l'Europe, et dont la dernière en date, la *National Biography*, a été menée à bien, par MM. Leslie Stephen et Sidney Lee, en moins de vingt ans. Tout récemment, dans un discours prononcé à la séance générale annuelle de la Société de l'Histoire de France[1], M. Delisle insistait sur l'urgence d'une pareille entreprise, et il citait précisément le *Dictionnaire historique de Maine-et-Loire* au premier rang des recueils appelés à fournir à la future Biographie française le contingent le plus considérable de noms et de renseignements nouveaux[2].

L'ardeur au travail, l'horreur de la banalité courante, l'art d'une rédaction à la fois sobre et nourrie, un juste sentiment des proportions à garder dans une œuvre de cette nature, telles étaient les qualités que Port eût apportées dans la direction d'une pareille entreprise. Malheureusement, pour la lancer et la mener à bonne fin, l'activité, la science et le talent ne suffisent pas. Il y faut joindre une mise de fonds sérieuse. L'éditeur parisien qui s'offrit à assumer les risques financiers de la publication ne parut pas avoir les reins assez forts, et il fallut renoncer à un projet dont la réalisation ne saurait cependant être indéfiniment ajournée.

[1] *Annuaire-Bulletin de la Société de l'Histoire de France*, année 1902, p. 97.

[2] Parmi ces noms nouveaux que renferme en abondance le *Dictionnaire de Maine-et-Loire*, il convient de mentionner, d'une façon toute particulière, les noms d'artistes. Les pièces justificatives des notices, nécessairement fort brèves, insérées dans le *Dictionnaire*, actes de l'état-civil, comptes, devis, marchés, etc., ont fait, de la part de Port, l'objet de deux publications spéciales La première, qui a paru en 1872 dans la *Revue des Sociétés savantes*, était restreinte aux artistes peintres angevins, étudiés dans leur vie et dans leurs œuvres d'après les archives angevines. La seconde, beaucoup plus étendue, s'appliquait aux artistes de tout genre, peintres, sculpteurs, maitres d'œuvre, architectes, graveurs, musiciens. La publication en a été faite d'abord dans la *Revue de l'Anjou*, de 1873 à 1880 (sauf pour les articles Pomeau à Zagaroli). Le tirage à part et le complément du travail forment un volume de 329 pages, qui a pris place dans la collection d'ouvrages publiés sous le patronage de la Société de l'Histoire de l'Art français. Voy. *Bibliographie des travaux de Célestin Port*, nos 76 et 78.

Port se rabattit sur un dessein plus modeste et d'une réalisation plus facile : il résolut d'écrire l'histoire des rues d'Angers. Il avait, au cours de ses dépouillements des archives municipales d'Angers et des fonds des églises et des abbayes angevines, amassé sur ce sujet des matériaux abondants : il n'avait plus qu'à les mettre en œuvre.

De tout temps, le côté pittoresque des choses, les rues tortueuses, les vieilles maisons de bois, les enseignes naïves avaient eu pour lui un charme singulier. Au cours même de l'impression du *Dictionnaire,* — et comme délassement en quelque sorte de ce grand labeur, — il avait inséré dans la *Revue de l'Anjou*, sur diverses questions d'histoire et de topographie angevines, un certain nombre de dissertations aussi nouvelles par le fond que piquantes par la forme. Il en a réuni les plus importantes dans ses *Questions angevines* [1], et je relève, parmi celles ayant un trait direct à la ville d'Angers, l'étude sur l'hôtel, ou plutôt les deux hôtels de Lancrau, « tous deux dignes de mémoire, — tous deux bien connus, car il n'est faiseur d'historiettes qui ne les ait mêlés à quelque anecdote, — tous deux bien plutôt inconnus, car il n'est personne absolument qui ne les confonde dans une erreur légendaire, — tous deux autrefois, rue Saint-Michel, existant tous deux encore à leur place antique, quoique la rue Saint-Michel se soit laissé tout d'un coup déposséder de l'un d'eux par l'opinion au profit d'un nouveau venu » ; — celles encore sur la Godeline, le premier hôtel de ville d'Angers, et sur le charmant hôtel de Pincé, — sans oublier la curieuse histoire de la « Belle Agnès [2] » et de ce monument élevé à la mémoire d'une pauvre servante, pendue et brûlée par erreur, si étrangement interprété par la tradition, — non plus que

[1] *Bibliographie des travaux de Célestin Port*, n° 104 et les renvois sous ce numéro.

[2] Publiée, celle-là, dans les Mémoires de la Société académique de Maine-et-Loire (*Bibliographie,* n° 74).

les données de topographie angevine au IXe siècle que renferme la discussion avec Dom Chamard sur l'hymne *Gloria, Laus*, attribuée à l'évêque d'Orléans Théodulfe.

D'autres études, parues vers le même temps et réimprimées dans ce même volume des *Questions Angevines*, ne se rapportent pas à la ville d'Angers. De ce nombre sont celles sur les inondations, les tremblements de terre et les grands hivers en Anjou, et l'important mémoire dans lequel Port établit par la discussion rigoureuse des textes, contre l'opinion universellement admise depuis Walckenaer, que le cours de la Loire, de Saumur aux Ponts-de-Cé, n'a pas changé depuis les temps historiques et que, « aussi haut que remontent les documents, il est facile de constater que la Loire, comme aujourd'hui, pénétrant par Candes en Anjou, — y recevait la Vienne, — passait à Saumur, y recevait un peu plus bas le Thouet, — et, comme aujourd'hui, arrivant aux Ponts-de-Cé, — y recevait sur sa droite l'Authion, — coulant dans son lit propre, distinct, jusqu'au point même où il débouchait encore avant la construction du canal moderne, qui en a déplacé le confluent ».

Mais c'est encore à l'histoire de la ville d'Angers — et même, par un détail au moins[1], à la topographie angevine — que se rapporte l'histoire de ce Thomasseau de Cursay, qui aurait refusé de faire exécuter à Angers la Saint-Barthélemy, héros inventé de toutes pièces au XVIIIe siècle — avec quelques autres ancêtres — par un petit-fils qui eut le talent de faire estampiller la belle action de son aïeul par Voltaire en personne : « ..... A la fin, la lumière pénétrera chez tous les honnêtes gens. Vous contribuerez à les éclairer, comme votre ancêtre à les laisser vivre. » Il faut lire, dans le petit volume de Port, l'amusante histoire de cette mystification, « une des plus auda-

[1] Je fais allusion à la curieuse histoire qui est narrée de façon si piquante à la p. 72 des *Questions Angevines*.

cieuses et, quoique entreprise sans art, des mieux réussies qu'on puisse citer dans la littérature historique », et de toute cette famille de héros angevins, « née tout d'un coup à la renommée et introduite, sans autre enquête, dans la tradition locale en plein siècle de scepticisme et de critique ».

On voit, par l'analyse du volume des *Questions angevines*, quel intérêt les Angevins pouvaient se promettre d'un livre de Port sur le vieil Angers. Je ne sais plus trop quelle difficulté d'illustration lui fit abandonner son projet d'histoire des rues d'Angers. Toutes les notes qu'il avait réunies à ce dessein ont été données par lui à la bibliothèque des Archives départementales et, quelque jour peut-être, un travailleur se rencontrera-t-il pour écrire le livre. On ne saurait trop regretter que Port ne l'ait pas fait lui-même. Il avait encore eu sous les yeux, pendant une dizaine d'années, ce vieil Angers, presque entièrement disparu aujourd'hui à la suite de l'exhaussement des bas quartiers et de tant d'autres travaux de voirie; il avait encore vu, dans sa splendeur et dans sa pittoresque animation, notre antique rue Saint-Laud, le *vicus senior* du XIIe siècle, dont les municipalités qui se sont succédé depuis quarante ans ont fait ce que l'on sait. L'impression des « choses vues » manquera forcément aux historiens futurs de l'Angers démoli ; et puis, le style si personnel de Port eût fait merveille, par ses qualités et par ses défauts même, pour rendre dans ses traits caractéristiques l'aspect inoubliable de la ville noire d'autrefois.

Il semble qu'à ce moment Port jouât de malheur dans tous les projets qu'il formait. Il en avait annoncé un autre, œuvre, celui-là, de pur critique, non d'archéologue ou d'artiste, dont la réalisation eût été infiniment souhaitable, une édition annotée et rectifiée de l'*Histoire de Sablé*, de Ménage. Il s'était chargé de contrôler et de compléter, pour tout ce qui concernait l'Anjou, ce livre à la fois si précieux et si sujet à caution. Malheureusement, le collaborateur qui devait faire le même travail pour le Maine, l'abbé Esnault, se déclara, après quelques mois, hors d'état de fournir sa part contributive à l'œuvre commune, et l'entreprise qui exigeait, pour être menée à bien, le concours d'un Manceau et d'un Angevin dut être abandonnée : il n'en a paru que le prospectus [1].

Fort heureusement, il advint à Port, au milieu de ces ennuis, une compensation qui le ravit d'aise.

Il avait, au tome Ier de son *Dictionnaire*, consacré une courte notice à un personnage assez curieux qui avait vécu toute la seconde moitié du XVIIIe siècle et presque toute la première du XIXe, et il avait signalé l'existence, sous le titre de *Souvenirs d'un nonagénaire*, d'une sorte d'autobiographie de ce François-Yves Besnard, léguée par celui-ci à un jeune ami, Boullet-Lacroix, décédé sans avoir pu la publier. L'œuvre pouvait donc passer pour perdue, et l'article le donnait à entendre. Quelle ne dut pas être la joie de Port lorsque, un beau matin, il trouva sur son bureau des Archives le manuscrit autographe de Besnard, avec une gracieuse lettre de M. Roujou, possesseur du manuscrit, qui en gratifiait en toute propriété l'archiviste de Maine-et-Loire?

Lui qui, « s'il avait eu à temps l'idée de devenir riche, se serait donné pour première fête d'installer dans une bibliothèque toute française, à côté d'un petit sanctuaire réservé aux maîtres de poésie, des rayons bien garnis de tous ces amis inconnus, de tous ces aïeux raconteurs qui nous intéressent à nous-mêmes en nous ouvrant jour sur leur âme et sur le secret du passé », il prit plaisir à lire, puis à copier, puis à annoter, puis à imprimer les souvenirs de cette modeste vie de nonagénaire, « qui commence aux champs, qui finit échouée dans la grande ville, noyée

[1] *Bibliographie*, n° 97. Il est daté de 1880.

presque en tout son temps dans la foule et à peine un moment portée à hauteur du flot par une folle brise ». Existence bizarre, s'il en fut, que celle de ce survivant de l'ancien régime, tour à tour écolier à Doué et à Angers, élève en théologie, étudiant en droit, apprenti médecin et apprenti peintre à Angers, puis à Paris, rentré au séminaire d'Angers, successivement vicaire de Saint-Pierre de cette ville, sous le curé Robin, curé dans le Maine, curé de Saint-Laud d'Angers, filateur, président de la municipalité du Mans, président de l'administration départementale de la Sarthe, secrétaire à Paris de la Commission de radiation des émigrés, qui refuse, sous le Directoire, la recette générale de la Sarthe, et, au Concordat, l'évêché de Malines pour accepter la perception de Fontevrault, la vend pour se faire, près de Loudun, horticulteur et pépiniériste, et « revient mourir à Paris au milieu d'un ancien cercle d'amis par deux et trois fois renouvelé ». Et comme cette vie, passablement incohérente, nous donne vivement « le sentiment des troubles inouïs qu'ont dû éprouver ces deux ou trois générations antérieures à la nôtre, jetées pêle-mêle par un coup de tempête des bas-fonds d'une société vieillie en plein courant d'une société si étrangement nouvelle [1] ».

Et puis, au cours de sa carrière mouvementée, le bonhomme a vécu dans des mondes si différents ; il a, dans son existence à mi-côte, si bien observé et il dépeint si fidèlement, — sans d'ailleurs aucune prétention au beau style, — tous ces milieux divers des écoles et du clergé de l'Anjou au XVIIIe siècle, d'une paroisse mancelle aux débuts de la Révolution, de la ville du Mans pendant la Terreur, de la société du Directoire et du Consulat, vue surtout dans le petit groupe familier des La Reveillère-Lépeaux, des Volney, des Thouin et de leurs amis du

[1] *Souvenirs d'un nonagénaire.* Introduction, p. III et XXI.

Muséum, celui enfin du Fontevrault de la Restauration, si changé de celui d'autrefois, que je sais peu de livres qui nous fassent mieux pénétrer dans l'intimité de ces temps et de ces mœurs déjà si loin de nous[1].

La publication des Mémoires de Besnard, le dépouillement méthodique qu'il poursuivait depuis plusieurs années des archives de la période révolutionnaire avaient ramené Port vers l'étude d'une époque dont les souvenirs lui tenaient singulièrement à cœur.

Port avait la religion de la Révolution. Ce culte pourra paraître singulier à une heure où les livres à succès nous convient « à détruire méthodiquement l'œuvre de la Révolution » et vouent la France à demeurer à perpétuité « l'ilote de l'histoire » pour avoir proclamé et répandu par le monde les principes de la Déclaration des droits de l'homme. La foi de Port était parlante et agissante. Elle s'est exhalée en accents lyriques dans la préface de la *Vendée angevine* :

[1] Besnard n'a vu le plus souvent que de loin, ou seulement par occasion, pendant le Directoire, les premiers sujets de la politique. « Il n'a, dit son éditeur, que trois ou quatre anecdotes sur Bonaparte, mais, ce me semble, caractéristiques, quand il nous le montre, en quête d'aventures, offrant ses quinze cents hommes à toute main contre la chouannerie, ou, en plein salon, abordant le premier venu de ses questions étranges. Et Masséna aussi tient son rôle, et Augereau, et d'autres encore... » C'est par lui également que nous connaissons la scène de violence faite à Volney, alors sénateur, par le Premier Consul. Sainte-Beuve (*Causeries du lundi*, t. VII, p. 341) l'a narrée d'après Bodin, qui en tenait le récit de Besnard. Voici comment celui-ci la raconte (t. II, p. 197) : « Bonaparte, en s'entretenant avec Volney du Concordat de 1801, lui ayant dit qu'il était dans l'intention de rétablir le culte et de salarier le clergé, celui-ci blâma hautement ce dessein, alléguant qu'il suffisait de rétablir la liberté des cultes et de laisser à chacun le soin et la charge d'entretenir, de payer les ministres de celui qu'il professe. « Mais, dit Bonaparte, la France me demande l'un et l'autre ». — « Eh bien ! répliqua Volney (peut-être avec cette morgue qui lui était familière), si la France vous redemandait les Bourbons, les lui accorderiez-vous? » A ces mots, Bonaparte ne se possédant plus et livré à un de ces accès de colère auxquels il se laissait, dit-on, aller assez fréquemment, frappa du pied le ventre de Volney assez rudemement pour le renverser, puis, ayant sonné pour qu'on le relevât, il donna froidement l'ordre de le reconduire à sa voiture ».

« Et voilà pourquoi, tout en remontant, pour rendre mon témoignage, vers ces temps de luttes et d'angoisses, à toi, dans mon humble cœur, je dédiais ce livre, ô toi, en qui vivent toute notre âme et tout notre être, toi qui as créé la patrie, régénéré la famille, purifié le temple, attendri toute loi, brisé toute servitude, et d'un seul coup, en rendant au travail son honneur et sa liberté, renouvelé le monde, ô maîtresse de justice, ô Révolution, bonne mère ! »

Que les amis de l'histoire documentaire se rassurent pourtant ! Malgré le lyrisme de la préface, et aussi celui de la conclusion, les deux volumes de la *Vendée angevine*[1] reposent sur une telle base de documents qu'ils ont paru au successeur académique de Port « ressembler parfois à un inventaire » et présenter « une surabondance de détails au détriment de l'ensemble ». L'observation est exacte, — mais peut-être était-il difficile qu'il en fût autrement ? — pour la partie de l'ouvrage consacrée à l'exposé de l'effet produit dans les paroisses des trois districts des Mauges par l'application des lois religieuses, financières et militaires de l'Assemblée constituante. J'aurais, par contre, peine à y souscrire en ce qui touche la description du pays et tout ce tableau si vivant des mœurs, des misères et des aspirations des paysans vendéens auquel M. de La Sicotière, dans sa critique du livre de Port, n'a rien trouvé à reprendre et n'a pu qu'accorder un éloge sans réserves, non plus, ce me semble, qu'en ce qui se rapporte au récit des premières journées de l'insurrection, qui établit pour la première fois la chronologie rigoureuse, jour par jour, heure par heure, des événements du 12 au 31 mars 1793, si étrangement confuse dans tous les livres antérieurs sur la Vendée. Enfin, il serait difficile de méconnaître l'impartialité et la justesse de vues de l'historien dans cette appréciation de la Constitution civile du clergé[2] :

Bibliographie des travaux de Célestin Port, n° 108.

[2] *La Vendée angevine*, t. Ier, p. 143.

« L'erreur grave pourtant, qui viciait de fond en comble le système, était cette visée idéale de la primitive Église, qui attribuait toute la vertu de l'œuvre nouvelle à l'élection populaire... Depuis longtemps, l'intervention du peuple ne pouvait plus être que de fiction pure. Dans ses conditions antiques, d'ailleurs, elle ne risquait jamais que d'exprimer la passion de croyants unis dans une même foi sincère et dont l'erreur même n'avait pas à se justifier... Mais, à la veille de l'apothéose de Voltaire et de Mirabeau, demander à la masse électorale, telle qu'elle venait d'être constituée, la nomination des ministres d'un culte qui n'était plus même religion d'État; en livrer d'autorité le gouvernement non seulement à l'ennemi, juifs ou protestants, mais à cette majorité, alors comme aujourd'hui, si confuse d'indifférents et d'incrédules, c'était la faute irrémédiable, acceptée pourtant et réfléchie, qui seule condamnait à une ruine lamentable cette organisation imaginée ainsi à l'encontre de la raison et de la justice. L'expérience n'allait pas laisser s'en attarder la leçon. »

Reste dans la *Vendée angevine* la thèse historique qui est, à vrai dire, plus dans la préface que dans le livre même, plus encore dans la *Lettre à M. de La Sicotière*[1] que dans la préface, à savoir que l'insurrection vendéenne n'a rien eu de spontané; que le mouvement de guerre n'a pas été provoqué par le clergé, « pour qui rien n'eût bougé qu'émeutes de femme et d'enfants, sans qu'un fusil fût parti en guerre folle » ; qu'elle n'a pas davantage eu pour cause l'appel même de la milice, « qui eût bien vidé les fermes, peut-être peuplé d'hôtes errant les landes et les genêts, fait déserter le pays, sans qu'aucun groupe eût été assez osé de s'attaquer seulement à la maréchaussée », « si l'initiative violente d'affidés aux aguets n'eût entraîné bon gré mal gré ces pauvres gens dans le combat ». L'insurrection de la Vendée est donc tout entière imputable aux menées, à la conjuration incessante, depuis deux années, des gentilshommes et des émigrés :

[1] *Bibliographie*, n° 109.

« ... Depuis deux ans, une propagande active s'est organisée, qu'on voit pénétrer d'abord du Poitou, puis de la Bretagne, par émissaires déguisés, par petites bandes, envois d'armes, correspondances d'affidés aux aguets, complot constant dénoncé par toutes les rumeurs populaires depuis deux ans, tel qu'il doit éclater bientôt, tel que, par deux fois, il se révèle avant l'heure et qui trouve son rendez-vous d'ensemble par l'appel général de la milice [1]. »

Voilà la thèse. On pourra l'admettre ; on pourra la rejeter ; on pourra exiger un supplément de preuves ; on pourra aussi penser qu'au milieu d'événements aussi complexes, parmi tant de facteurs divers, il faut renoncer à démêler la cause décisive de l'insurrection. Du moins, le lecteur, quelle que soit son opinion sur le fond même du débat, trouvera-t-il dans le livre de Port, sur les origines, sur les préliminaires et sur les premiers événements de la guerre, une abondante réunion de documents et de renseignements mis pour la première fois au jour et dont l'historien définitif de la Vendée, — si cet historien se rencontre un jour, — aura à tenir grand compte.

C'est le désir de confirmer la thèse maîtresse de son livre qui, cinq ans plus tard, remit à Port la plume en main pour élucider et, comme il l'espérait du moins, pour détruire ce qu'il a appelé la légende de Cathelineau [2]. L'importance qu'il semblait attacher à cette question, l'étendue de la démonstration, — tout un volume in-8°, — l'allure et le ton de la discussion étonnèrent quelques lecteurs [3].

[1] *Lettre à M. de La Sicotière*, p. 12.

[2] *Bibliographie...*, n° 111.

[3] M. Aulard, qui ne saurait cependant passer pour un tiède, tout en rendant justice au talent et à la dialectique de Port, ne peut cependant se tenir de laisser paraître quelque surprise (*Revue politique et littéraire*, t. LI, 1893, 1er semestre, p. 786) : « Nous avons à Paris moins d'enthousiasme, plus de sang-froid quand nous parlons des choses vendéennes, et nous préférons, pour la réfutation des légendes, une dialectique impersonnelle, un raisonnement nu et impassible, plutôt ironique, avec de brèves références. Mais à Angers, historiens *bleus* et historiens *blancs*, à ce que je vois, se

« Voilà qui est entendu, dirent-ils, et vous avez cause gagnée. Cathelineau, vaillant et modeste soldat de la cause qu'il avait embrassée, n'a point eu dans les premiers événements de la Vendée le rôle prépondérant, décisif, que ses panégyristes se sont plu à lui faire jouer. S'il est à Jallais le 13 mars, avec Chesnel et Perdriau, et encore en sous-ordre de celui-ci, il n'était pas à Saint-Florent le 12, jour où a éclaté l'insurrection. Il n'est ni à Cholet le 14, ni à Vihiers le 15 : il est retourné à son village du Pin-en-Mauges. Les chefs, ces jours-là, c'est Bonchamps, c'est Stofflet, c'est d'Elbée. Seuls encore, le 22, ce sont eux qui signent, avec Barbotin et Leclerc, la sommation adressée aux habitants de Chalonnes, et c'est seulement le 23 mars, au soir, le lendemain de la prise de cette ville, que, sur une lettre que Bonchamps vient d'écrire au commandant de Chemillé et qu'il a déjà signée, la main de Cathelineau appose, au-dessous de la signature de son général, la sienne qui, comme vous le dites très bien, n'est plus alors celle du premier venu. Mais jusque-là il n'avait été, comme tant d'autres, qu'un simple capitaine de paroisse. Il n'est donc pas vrai, comme le proclame certain brevet du 12 juin, qu'il ait commencé la guerre. Tout cela, vous l'avez très bien établi en quelques pages. N'est-ce pas suffisant et est-il donc bien utile d'en employer encore soixante-dix à discuter, avec tout l'appareil diplomatique d'un Mabillon révolutionnaire, ce prétendu brevet de généralissime, puisqu'aussi bien il est avéré que, généralissime ou non, du 12 juin au 4 juillet, jour de sa mort, Cathelineau n'a jamais pris le titre ni exercé l'auto-

font à coups de textes une vraie guerre où revivent les passions d'antan. Ne voyez pas cependant en M. Port un homme de parti : c'est pour la vérité qu'il se bat avec cette fougue et, quand il se fâche, c'est contre l'erreur et l'imposture. S'il montre son âme tout autant que ses textes, on serait ingrat de s'en plaindre, car cette âme est aussi belle que vaillante, et ces allures d'Alceste érudit constituent une originalité qui, à mon avis, place M. Célestin Port au premier rang des historiens provinciaux de la France. »

rité de général en chef, tandis que partout d'Elbée, même Cathelineau présent, est traité et agit comme le vrai « général de l'armée chrétienne » ?

« Cela importe beaucoup plus que vous ne pensez, répondra l'auteur de la *Légende de Cathelineau*, parce que ce brevet de général en chef délivré par tous les grands chefs royalistes « à Mr Catlinau qui a commencé la guerre et à qui nous avons tous voulu donner des marques de notre estime et de notre reconnaissance » est la pièce maîtresse, la clé de voûte d'une conspiration contre la vérité historique, ourdie par l'abbé Cantiteau, curé du Pin-en-Mauges, et qui, grâce à une note adroite du même abbé communiquée à divers écrivains vendéens, acceptée par M. de Barante qui l'a insérée dans son édition interpolée des *Mémoires de la marquise de La Rochejacquelein*, a si bien réussi et fait faire à la légende son chemin dans le monde, qu'il n'est jusqu'ici personne, dans l'un et l'autre camp, qui l'ait jamais mise en doute. Or, le mobile de toute cette ingénieuse machination n'a pas été un sentiment naïf de patriotisme de clocher, le désir de grandir, en l'exaltant au-delà de la vérité, le rôle d'un paroissien du Pin-en-Mauges, mais bien de donner le change à l'histoire sur le caractère véritable de l'insurrection vendéenne. Exploitation toute politique avec d'Elbée et Bonchamps, avec les nobles et les émigrés, des sentiments à la fois religieux et antimilitaristes de paysans naïfs qui croyaient combattre pour leur foi et leur indépendance, alors qu'on voulait surtout les armer contre la Révolution, elle devient, avec l'honnête, le pieux Cathelineau, le *saint de l'Anjou*, pour instigateur et pour chef, une insurrection des consciences chrétiennes, un mouvement tout populaire, tout spontané, pur de toute intrigue, dégagé de tout alliage et de toute arrière-pensée politiques. Dans cette conception historique de la Vendée, c'est seulement après que Cathelineau aura péri en combattant pour son Dieu et pour sa foi que les politiciens, les habiles prendront la direction du mouvement. Alors, écrira un historien ecclésiastique de l'insurrection [1], « à partir de la mort de ce saint de l'Anjou, les nobles étant devenus maîtres presque exclusifs de la direction des affaires et ayant substitué insensiblement l'élément politique aux pieuses pratiques, les revers survinrent. Dieu retira ses faveurs à proportion de l'oubli qu'on semblait faire de lui. » « L'impiété avec tous les vices règne alors dans l'armée, dit de son côté l'abbé Cantiteau lui-même. Le temps était passé où le soldat priait Dieu dévotement. On ne parlait de la religion que pour la mépriser ; aussi rien de plus commun parmi la troupe que les abominations qu'elle condamne [2]. »

Telle est la thèse de la *Légende de Cathelineau.* Depuis dix ans que le livre a paru, cette thèse a été plus d'une fois contestée [3]. Ce n'est point le moment de la discuter et je n'ai d'ailleurs aucune compétence pour en reprendre l'examen. Je n'avais ici qu'à en dégager les points essentiels pour en bien faire connaître le sens et la portée.

La thèse, assurément, était intéressante. De plus, le volume était, d'un bout à l'autre, écrit d'un style et animé d'un entrain auxquels les livres des membres de la plus savante et de la plus grave de nos Académies ne nous ont point habitué. Peut-être sera-t-on curieux de connaître l'accueil qui lui fut fait par les érudits éminents au milieu desquels Célestin Port avait récemment pris séance.

Tous sont d'accord pour reconnaître le sérieux des arguments et la vigoureuse dialectique de la discussion ; mais, quand il s'agit d'apprécier la forme, les divergences éclatent avec la nature des esprits.

[1] L'abbé Deniau, *Histoire de la Vendée*, t. II, p. 234.

[2] La Sicotière, *Le curé Cantiteau*, p. 34.

[3] Voyez les renvois sous le n° 111 de la *Bibliographie des travaux de Célestin Port.*

Celui-ci, accoutumé à vivre dans la familiarité des héros des chansons de geste, n'est point effarouché de l'allure belliqueuse de la dissertation de Port :

Paris, 27 février 1893.

« Votre livre doit être bien amusant pour tout le monde, mais il est délicieux pour un ami. Vous y revivez tout entier avec votre cœur chaud, votre imagination, votre savoir, vos dents et vos griffes, et enfin tout cet ensemble de bon diable, de ferrailleur et d'admirable érudit qui vous rend si original et si sympathique. Il me semble que vous pourfendez à fond ce pauvre Cathelineau et que, derrière lui, vous perforez le bon La Sicotière. »

Celui-là, qu'aucune thèse de diplomatique ne saurait trouver indifférent, est intéressé par la discussion de l'érudit, mais il ne peut s'empêcher de préférer le style pondéré des anciens Bénédictins à la fougue du Mabillon de la Vendée :

Paris, 21 février 1893.

« J'ai reçu votre volume hier soir, et je ne me suis pas couché sans l'avoir lu tout entier, à l'exception des documents. Quoique je sois très imparfaitement au courant de la question, je crois que la partie essentielle de votre thèse est bien établie. Je me demande seulement comment, dans votre système, on s'explique que le faussaire ait commis les invraisemblances de rédaction que vous signalez.

« Je ne vous parlerai pas de la forme que vous avez donnée à l'argumentation. J'ai admiré, comme déjà bien des fois, la vivacité de votre style et l'acuité de vos traits ; mais j'avoue que, pour une discussion de ce genre, j'aurais mieux aimé un peu plus de simplicité et de modération. Ceci en toute franchise et de vous à moi. »

Voici enfin l'opinion d'un troisième, — aujourd'hui disparu, celui-là : c'est Eugène de Rozière. Sa lettre constitue un véritable manifeste sur la manière d'écrire l'histoire révolutionnaire et, à ce titre, il me paraît intéressant de la publier en entier :

Paris, 11 mars 1893.

« Mon cher ami,

« J'ai reçu votre *Légende* et le jour même j'en ai commencé la lecture ; mais comme mon temps ne m'appartient pas, attendu que chacun en découpe un petit morceau à son profit, c'est avant-hier soir seulement que j'ai pu l'achever.

« La démonstration est claire, absolue et définitive. Je suis bien décidé, pour ma part, à ne plus jamais rien lire sur cette question, parce qu'il est évident qu'elle n'existe plus et que vous l'avez rayée du nombre de celles que la Providence a livrées *disputationibus eorum.*

« Mais, dites-moi, je vous prie, si je ne suis pas trop curieux, quel motif vous a fait attacher tant d'intérêt à cette démonstration. Y avait-il une importance réelle à ce qu'il fût établi que le signal de la guerre civile n'a pas été donné par Cathelineau, mais probablement par M. de Bonchamps ? Je ne vois pas que cela puisse changer beaucoup notre jugement sur les causes et sur le caractère de cette entreprise qui a entassé tant de ruines dans nos malheureux départements de l'Ouest. Si c'est le scrupule d'un ancien élève de l'École des chartes élevé dans le respect de la chronologie qui vous a mis la plume à la main, il me semble qu'il n'y avait pas besoin, pour écraser l'erreur, d'un appareil de guerre aussi complet, et qu'une brochure lestement et vertement tournée, comme vous savez les faire, aurait suffi pour déplacer et rétablir les responsabilités.

« Je me demande également pourquoi vous avez, à l'occasion de cette *Légende*, embouché la trompette guerrière, comme s'il se fût agi de discuter et de flétrir le principe même de l'insurrection vendéenne. Il me semble qu'aujourd'hui la cause de la Révolution est si complètement et si *irrémédiablement* gagnée que les événements de 1789 à 1800 peuvent être désormais étudiés et discutés avec le même calme et la même impartialité que les événements du moyen âge. J'ai bien quelques droits à vous soumettre cette observation, attendu que, depuis près de deux ans, je me suis mis à la tête d'une propagande qui a pour but d'inviter les historiens modernes à ne plus écrire l'histoire des faits révolutionnaires d'après les traditions qu'ils ont pu puiser dans leurs familles et à ne plus les juger de telle ou telle façon, selon qu'ils sont les enfants des guillotineurs ou des guillotinés. Je demande que ces faits soient étudiés documentairement, comme nous ferions pour ceux du temps de Charlemagne, de saint Louis, de Philippe le Bel ou de Louis XIV. C'est dans cet esprit que j'ai demandé et obtenu qu'à l'École des chartes, au lieu de s'arrêter à la veille de 1789, le professeur d'institutions poussât son cours jusqu'à la Constitution de l'an VIII. La conséquence de ce premier succès a été que les examens portassent également sur cette période comme sur les périodes antérieures, et chaque année je tiens la main à ce qu'une au moins des questions posées aux élèves de seconde année soit relative aux institutions de la période révolutionnaire. L'année dernière, nous avons fait un pas de plus en acceptant comme sujet de thèse l'exposé de la loi de l'Assemblée constituante relative à la formation des départements.

« La bataille étant définitivement gagnée sur le terrain de l'École des chartes, j'ai transporté le combat sur le terrain des Comités historiques. Jusqu'ici, le domaine du Comité d'histoire était borné par la date de 1789. Tout ce qui était au delà avait été attribué au Comité des sciences économiques et sociales. Pour quiconque prenait la peine de lire entre les lignes, cela voulait dire que les faits révolutionnaires n'étaient pas encore considérés comme une matière historique traitable par les documents, mais que leur appréciation était abandonnée, comme celle des doctrines économiques, philosophiques ou morales, aux jugements préconçus et dictés d'avance par les sentiments, les rancunes ou les intérêts de chacun. On faisait ainsi de l'étude des faits révolutionnaires une doctrine, au lieu d'en faire un exposé impartial. Du moment que c'était une doctrine, chacun avait naturellement la sienne. Malgré la résistance des membres du Comité des sciences économiques et sociales, qui se voyaient dépouillés d'une des parties les plus importantes de leurs attributions, j'ai pour la seconde fois couché victorieusement sur le champ de bataille. L'étude des faits révolutionnaires appartient aujourd'hui au Comité d'histoire, dont M. Aulard est devenu membre, à sa grande satisfaction.

« J'espère, mon cher ami, que vous me pardonnerez cette longue dissertation. A mon âge, on n'a plus beaucoup d'idées, mais quand, par hasard, on met la main sur une qui vous paraît juste, on la conserve précieusement de peur qu'elle ne vous échappe et qu'il ne vous reste plus rien. C'est comme les amis, dont le nombre diminue chaque jour, et à la conservation desquels on tient encore plus qu'à celle des idées.

« Votre vieil ami,

« Eug. DE ROZIÈRE. »

Le volume consacré par Port à la discussion de la légende de Cathelineau était complété par un choix de cent vingt-cinq documents tirés des Archives de Maine-et-Loire. Si tous ne se rapportaient pas directement à la question de la *Légende*, Port estimait avec raison que personne ne lui reprocherait « d'avoir dressé sa gerbe trop belle pour la plus grande joie des amis de notre histoire angevine ou de la simple curiosité ».

Il ajoutait : « Il reste encore, à toute recherche, des champs abondants de regain ou de glane ; — mais j'ai fini dans le mien ma moisson, même encore labours et semailles. — Adieu ».

C'était prendre congé de tous travaux d'histoire révolutionnaire. Port devait, en effet, concentrer sur des sujets moins brûlants — n'en déplaise à Rozière — de paléographie et de diplomatique du moyen âge toute l'activité de ses derniers jours. Pendant les huit années qu'il lui restait à vivre, c'est sur le chartrier de Saint-Florent que portera tout son effort. J'ai dit précédemment quelle était, sur ce fonds, l'importance du travail d'inventaire exécuté par lui et auquel il incombera à son successeur de mettre la dernière main.

V

Dans la sphère modeste où il avait volontairement renfermé son existence, Célestin Port a obtenu tous les honneurs et toutes les satisfactions auxquels il pouvait prétendre. « Si jamais j'avais eu quelque rêverie d'honneurs, écrivait-il en 1878 dans la préface du *Dictionnaire de*

Maine-et-Loire, j'ose dire que cette œuvre m'en a comblé jusqu'à défier toute espérance nouvelle ».

Malgré la divergence des opinions politiques, le Conseil général de Maine-et-Loire apprécia, en effet, bien vite la valeur de l'archiviste que lui avait envoyé l'École des chartes, et il sut reconnaître, en toute occasion, les services rendus par celui-ci au Département. De son côté, le Ministère de l'instruction publique décerna successivement à Port les distinctions variées dont il a accoutumé de gratifier, suivant un dosage et à des intervalles savamment gradués, les services des archivistes départementaux.

Correspondant du Ministère peu de temps après son arrivée à Angers, Port était, au moment de sa mort, membre non résidant du Comité des travaux historiques, membre non résidant du Comité des Sociétés des beaux-arts des départements et officier de l'Instruction publique.

J'ai déjà dit qu'il avait été fait chevalier de la Légion d'honneur en 1870. Au mois de janvier 1882, il fut promu au grade d'officier. C'était la première fois que cette distinction était accordée à un archiviste départemental. Quicherat, que rien de ce qui arrivait d'heureux à Port, ne laissait indifférent, s'empressa de le congratuler :

6 décembre 1881.

« Ce que vous m'annoncez m'enchante pour vous, pour la profession, qui va être honorée par là comme elle ne le fut jamais, pour la R. F., qui montrera une fois de plus qu'elle va chercher dans les coins ceux de ses enfants qui en valent la peine. Je vous parle comme si la chose était faite, parce que je ne vois pas quel obstacle pourrait l'entraver, et qu'au contraire je ne compte que des gens prêts à l'appuyer, pour peu que je remémore tout ce que pensent et disent de vous ceux qui s'y connaissent. Je n'ai pas besoin de vous donner l'assurance que, de ma part, l'occasion échéant, un coup d'épaule, *scilicet* de langue, ne vous fera pas défaut.

« Satisfaction et amitié. »

Quicherat, en écrivant cette lettre, se laissait aller au plaisir de féliciter un ami d'une distinction à laquelle il savait que celui-ci ne serait pas insensible. Personnellement, il partageait les sentiments qu'exprimait un jour, dans la biographie de Bourquelot, un de leurs amis communs, Henri Bordier [1], touchant « la décoration fameuse qui divise les citoyens français en gens d'honneur par excellence et gens dont l'honneur est de plus mince étoffe ». Deux ans auparavant, lui-même avait été gratifié de la rosette et, aux félicitations de Port, il avait répondu :

Paris, 18 février 1880.

« Mon cher ami,

« Laissons là cette officerie. Elle m'ennuie plus qu'elle ne me réjouit. Je n'aime pas les signes extérieurs qui peuvent donner à penser aux hommes qu'ils sont différents de leurs semblables. Si ceux qui me l'ont fait avoir m'avaient consulté, je les aurais priés de se tenir tranquilles. Il doit entrer dans le programme de la République de laisser tomber ces bamboches qui sont une dernière réminiscence des siècles où nos pères se tatouaient. »

Six ans plus tard, Port obtenait un honneur de plus haute valeur, le plus grand qu'il put ambitionner. Correspondant de l'Institut depuis 1876, il fut élu, le 11 novembre 1887, membre libre de l'Académie des inscriptions et belles-lettres, en remplacement de Jules Desnoyers.

Tous les amis de Port, tous ses confrères, tous les Angevins, sans distinction d'opinions, applaudirent à ce juste couronnement d'une carrière consacrée tout entière au labeur le plus persévérant, le plus fécond et le plus désintéressé. Sa vie étroite et retirée n'en fut ni troublée ni changée. Les mêmes rues le virent tous les matins se rendre, du même pas mesuré, de sa petite maison de faubourg à son bureau d'archiviste, en revenir tous les soirs, sa journée faite, à la même heure. « Port, mon ami, lui

[1] Henri Bordier, *Félix Bourquelot*, p. 20.

écrivait un jour Quicherat, quel être nerveux vous faites, et déréglé dans les élans de votre imagination. » Et cependant, ce nerveux, cet ardent sut borner toutes ses ambitions à un traitement de chef de bureau de préfecture et à la notoriété à laquelle peut prétendre un archiviste départemental « qui a passé sa vie à battre tous les buissons de son petit domaine ». Le jour où triomphèrent les opinions qui avaient été celles de toute sa vie, il put voir plusieurs de ses confrères accepter des préfectures, briguer des mandats législatifs. Pas un instant, il n'eut la pensée de les imiter et de quitter le poste obscur dans lequel les circonstances l'avaient placé. « Homme laborieux et sans envie, il n'a pas mis dans son existence autre chose que le travail, » a dit Quicherat d'un autre élève de l'École des chartes[1]. Cette parole résume également la vie de Célestin Port.

Son bureau d'archiviste s'ouvrait volontiers aux causeries amicales et aussi aux visites et aux demandes des travailleurs sérieux. Pour ceux-ci, il ne reculait devant aucune peine, passant des heures et des jours à remuer et à compulser des liasses, à la recherche du document qui pouvait leur être utile. Mais malheur, par contre, au faiseur de généalogies complaisantes, au chercheur d'ancêtres aussi titrés qu'hypothétiques, même à l'imprudent qui l'abordait par une question d'une ignorance par trop naïve. Celui-là n'était pas tenté de revenir bien souvent aux Archives. La correspondance officielle de la Préfecture renferme certaine lettre du père d'un missionnaire officiel, — un coreligionnaire politique cependant, — qui venait se plaindre au Préfet de l'ironie avec laquelle l'archiviste de Maine-et-Loire se permettait de répondre à des gens qui étaient pourtant investis « d'une mission du Gouvernement ». Mais il y avait des moments où toutes les qualités officielles

1 *Discours prononcé aux obsèques d'Antoine-Jean-Victor Le Roux de Lincy*, p. 4.

du monde n'en imposaient pas à l'humeur caustique de Port.

Au fond, cette brusquerie était celle d'un bourru bienfaisant et dissimulait assez mal la sensibilité extrême, presque maladive, de l'être très compliqué qu'était Célestin Port. Un de ses plus vieux amis se souvient de l'avoir vu, il y a cinquante ans, fondre en larmes, sans motif, au milieu d'une joyeuse réunion de camarades.

Il se rendait bien compte de la terreur que ses boutades inspiraient à quelques uns de ses visiteurs, ou encore aux candidats et aux candidates qui avaient à comparaître devant lui, et il eût été navré qu'on les prît au tragique :

« ... Quand M. *** siégeait aux examens, il commençait par s'enquérir des opinions du candidat et, avant toute question, préparait sa boule noire. Je suis président depuis deux ans des examens des institutrices, où les religieuses nous arrivent par fournées. J'ai commencé par faire supprimer les noms sur les compositions écrites, et, aux examens oraux, demandez-leur quel accueil leur est fait. J'en ai vu venir tout de haut en bas hérissées de terreur factice et nous quitter tout éplorées de surprise dans l'éblouissement d'une confraternité nouvelle.

« C'est bête, ce que je vous écris là ; mais c'est qu'en vérité je vous sens, comme moi, un naïf, et je voudrais vous le faire sentir et comprendre [1]. »

Très indépendant de caractère, discipliné par devoir, Port n'hésita pas, en 1866, dans des circonstances mémorables qui ont été rappelées récemment avec détail [2], à se joindre avec éclat au groupe d'Angevins qui défendit avec l'énergie que l'on sait les statues de Fontevrault contre l'acte d'un gouvernement « qui livrait notre passé à l'An-

[1] Lettre du 12 août 1882, communiquée par M. J. Denais.

[2] G. d'Espinay, *Les statues de Fontevrault et la Société d'agriculture, sciences et arts d'Angers* (*Revue de l'Anjou*, juillet-août 1902, p. 95).

gleterre et notre avenir aux Prussiens[1] ». Alors que les membres de la section d'archéologie du Comité des Travaux historiques, redoutant de déplaire au souverain, regardaient la serge verte de la table, Port protestait contre cette inertie par la menace de l'envoi de sa démission de correspondant du Comité.

Il vécut et mourut pauvre. Il n'eut dans sa vie d'autre luxe que ses livres. Sur les rayons de bois blanc de son cabinet, — j'allais dire de sa cellule, — il avait réuni, jour par jour, volume par volume, une double bibliothèque, celle du lettré et du poète, celle de l'historien et de l'érudit. De cette dernière, il voulut, dix ans avant sa mort, détacher la partie la plus précieuse, ses collections angevines, pour en faire don à la bibliothèque des Archives. Au mois d'août 1891, il transportait de chez lui dans le bureau que le Conseil général venait de lui faire construire, d'abord sa bibliothèque angevine, réunion de 1.987 volumes ou brochures sur l'histoire, la topographie et la biographie angevines; puis son imagerie angevine, ensemble de 2.257 pièces, dessins originaux, gravures, lithographies ou photographies, représentant des monuments anciens et modernes, des vues du département ou des portraits de personnages angevins ; enfin les notes et fiches accumulés par quarante années d'études uniquement angevines. Ce dernier groupe comprenait dix-huit boîtes doubles de notes biographiques, en partie utilisées, mais non épuisées par le *Dictionnaire de Maine-et-Loire;* neuf boîtes de notes sur Angers, matériaux de cette histoire projetée de la ville, de ses rues, de ses maisons, de ses métiers ; enfin six boîtes de topographie latine, renfermant le dépouillement, alphabétiquement classé, de toutes les formes anciennes des noms de lieux du département fournies par les chartes imprimées ou

[1] Ce sont les expressions — trop prophétiques — d'une lettre écrite par M. de Falloux à M. Ph. Bellanger, bâtonnier de l'ordre des avocats, rédacteur de la consultation juridique du barreau d'Angers.

inédites, en tout plus de 60.000 fiches, auxquelles vinrent s'ajouter un peu plus tard une boite de fiches sur le climat et les phénomènes physiques, et trente cartons de notes de géographie historique, résidu de tout ce qu'il n'avait pas brûlé.

Il prit plaisir à installer dans son nouveau bureau d'archiviste, à classer, à cataloguer les livres, les images, les notes, trésor amassé par toute une longue vie de travail, puis à augmenter, à enrichir de toutes façons ces collections, assurées, grâce à son désintéressement, de demeurer intactes et groupées après lui pour le grand profit des travailleurs futurs. Au jour de la mort de Port, la bibliothèque angevine des archives de Maine-et-Loire comprenait 4.500 volumes ou brochures, et l'iconographie angevine, méthodiquement classés dans de grands cartons, plus de 9.000 documents.

« Je contribue comme je puis à la collection, disait-il dans son rapport de 1898, non seulement de ma petite bourse, mais en rapportant de mes tournées et d'une propagande surtout affectueuse une moisson presque quotidienne...

« En m'applaudissant ainsi pour l'idée qui fut bonne, — et pour l'œuvre, unique encore, que le temps rendra excellente, — je songe au confrère inconnu qui bientôt en subira l'héritage comme un reproche, s'il ne l'améliore et s'il ne l'aime, — comme un bonheur et une joie, s'il sait y mettre, à son heure de jeunesse, un peu de sa vie et de son honneur. Les Archives départementales ne sont pas un musée, — je l'ai redit après quelques autres, — et n'ont à se développer que dans leur nature propre et officiellement limitée, mais le Bureau des Archives est la petite chapelle de l'archiviste qui, ouvrant comme un vestibule d'invitation sur les salles réservées, y sait attirer les curieux de passage, mais surtout recruter les travailleurs fidèles. »

Né dans une condition modeste, Célestin Port témoigna toujours une tendresse particulière aux petits et aux humbles, et je ne sais rien de plus touchant que ce diner dans lequel, chaque année, pendant vingt-cinq ans, sans y manquer une seule fois, il réunissait l'équipe de typographes qui avait composé le *Dictionnaire historique de Maine-et-Loire* et continuait à travailler à l'inventaire des Archives. Ce dîner, dont il se faisait fête longtemps à l'avance, deux ou trois réunions intimes avec quelques amis, heureux de pouvoir dérider un peu son humeur morose, quelques tournées d'inspection dans les communes, de rares et rapides voyages à Paris pour aller déposer, dans une élection de membre libre, son vote de membre de l'Académie des inscriptions, c'étaient là les seuls incidents qui venaient rompre un peu la régularité de son existence. A un travailleur qui s'informait des heures où l'on pourrait le rencontrer, il écrivait en 1875[1] :

« Cher Monsieur,

« Voici mon itinéraire quotidien pendant 365 jours de l'année, sauf le dimanche, — où il est non moins fixe, mais modifié seulement, — et mes jours de courses.

« Je déjeûne à 8 h. 1/2, je sors à 9 heures, je suis à 9 h. 1/4 à l'imprimerie, à 9 h. 1/2, 10 heures, 10 h. 1/4 au Bureau, quelquefois de 10 heures à midi à la Bibliothèque. Je rentre à 4 heures, je dîne a 5 heures, je sors à 6 heures pour chercher l'*Étoile* et lire l'*Union* [*de l'Ouest*]. Je suis rentré à 6 h. 1/2, jusqu'au lendemain 9 heures.

« Vous pouvez choisir toute heure qui ne soit pas de 8 h. 1/2 à 9 heures, ni de 5 à 6 heures, puisque ce sont mes heures de table, — et j'aurai grand plaisir à causer avec vous. »

A part la lecture des deux journaux angevins disparus, il n'y avait, vingt-cinq ans plus tard, rien de changé dans son existence.

Il n'y avait rien de changé non plus dans son ardeur au travail, dans sa curiosité d'esprit, dans l'intérêt qu'il portait à son service, à toutes les choses de l'Anjou, dans sa sollicitude pour ses plus modestes collaborateurs. Je n'en veux pour preuve que ces lignes, les dernières qu'il ait écrites.

[1] Lettre à M. J. Denais (20 mars 1875).

Elles sont adressées au rapporteur de son petit budget d'archives, notre ami Bodinier.

Angers, 28 février 1901.

« Mon cher sénateur, conseiller et surtout bon ami,

« Je m'empresse, toute affaire cessante et René Lelong à peine sorti de mon cabinet, de vous faire part — part est bien dit — de ma joie. Lelong venait m'informer qu'il sortait de la Comptabilité où il avait versé le montant de la dette Lachèse [1]. Il m'aurait donné 1.000 francs que je n'aurais pas été aussi joyeux. Notez que, demain, il eût fallu rapport et votes multipliés — et refus absolu du versement.

« J'ai informé immédiatement l'ami Fourgeaud. Il m'a paru très calme. J'ose croire qu'il avait compté sur ma foi. Mais, c'est égal, j'en tremble encore ! *Illumina cor tuum !* Le mien flambe !

« Autre chose. L'ami Dufour, notaire à Chalonnes, m'a mis sur la piste d'une fouille qui me paraît, avant d'y être allé, extraordinaire. J'y vais demain. La Commission départementale m'a voté 200 francs. C'est triste, — et non sans quelque tirage. On trouvera mieux, si la fouille donne. C'est à *Pierre Cou*. V. le *Dict.* — J'y vais, comme à mon ordinaire, à tous risques.

« Je ne puis vous en dire davantage ; mais que n'êtes-vous là, pour la plus grande consolation et joie, mon bon ami, de

Votre tout dévoué,

C. Port.

Cette lettre est du 28 février. Le 4 mars, Célestin Port n'était plus.

Le matin du 1er mars, il s'était rendu à la gare où il devait trouver notre ami Auguste Michel, conservateur du Musée Saint-Jean, pour faire avec lui la course de Chalonnes. Celui-ci fut frappé de l'air fatigué de Port. Le

[1] Il s'agissait d'une petite somme due au Département pour vente de volumes de l'*Inventaire des Archives*. Le versement de cette somme avant le 1er mars, clôture de l'exercice financier, était impatiemment attendu par Port. Ce versement devait, en effet, permettre de payer, sur l'exercice courant, une gratification votée par le Conseil général à l'un des employés des Archives.

temps était atroce. Son compagnon essaya vainement de persuader à Port de remettre la visite à un autre jour. Port ne voulut rien entendre. L'excursion fut des plus pénibles. Par la pluie, par un vent glacial, par un temps sombre qui permettait à peine de distinguer les objets, Port se traîna tout l'après-midi, appuyé ou plutôt accroché au bras de son ami, trébuchant à chaque pas, à travers les guérets détrempés. Le soir, il était à bout. Il ne rentra chez lui que pour mourir.

Le Conseil général de Maine-et-Loire, en votant que le buste du « vieil archiviste », remis par ses enfants, serait placé dans son ancien cabinet de travail, le Conseil municipal d'Angers, en décidant que le nom de *rue Célestin Port* serait donné à ce chemin de Saint-Léonard si longtemps habité par lui, ont témoigné de la profondeur des regrets du département et de la cité. Mieux encore qu'un buste ou qu'une plaque de rue, l'œuvre historique que Célestin Port laisse après lui conservera la mémoire de ce bon travailleur, de ce consciencieux chercheur de la vérité.

BIBLIOGRAPHIE DES TRAVAUX

DE

CÉLESTIN PORT

---

1. — Relation d'une chasse du Roi, pièce inédite de La Fontaine (Bibliothèque de l'École des Chartes, 3e série, t. III, 1851-1852, p. 182-185).

2. — *Étude sur la vie et les ouvrages de Du Cange*, par Léon Feugère (Bibliothèque de l'École des Chartes, 3e série, t. IV, 1852-53, p. 192).

Compte rendu critique. Signé : C. P.

3. — Lettres inédites de Pierre Corneille, 1652-1656 (Bibliothèque de l'École des Chartes, 3e série, t. III, 1851-1852, p. 340-360; — tirage à part, Paris, Firmin Didot, in-8°, 15 pages).

Ces lettres, au nombre de quatre, adressées au P. Boulart, abbé coadjuteur de Sainte-Geneviève, ont été reproduites, en 1862, dans l'édition des œuvres de Corneille donnée par M. Marty-Laveaux dans la collection des Grands écrivains de la France, t. X, p. 458-473.

4. — Essai sur le commerce maritime de Narbonne. Thèse soutenue par Célestin Port, licencié ès lettres (École nationale des Chartes. Thèses soutenues par les élèves sortants de l'École des Chartes de la promotion 1849-

1852 pour obtenir le diplôme d'archiviste-paléographe. Paris, Simon Raçon, 1852, in-8°, 28 p.).

Les positions de la thèse de Célestin Port occupent les pages 17 à 19 de la brochure renfermant les positions des thèses. Ces positions ont été reproduites dans la *Bibliothèque de l'École des Chartes*, 3e série, t. IV, 1852-53, p. 166-167. La thèse elle-même a été imprimée en 1854. Voy. *infra* n° 6.

5. — L'Univers. — Histoire et description de tous les peuples. — Iles de la Grèce, par Louis Lacroix. Paris, Firmin Didot, 1853, in-8°, IV-644 p.

Célestin Port a rédigé dans ce volume la notice relative à l'île de Lesbos, p. 297 à 338. Voy. Préface, p. II.

6. — Essai sur l'histoire du commerce maritime de Narbonne. Paris, Durand et Dumoulin, 1854, in-8°, III-208 p.

Ce mémoire, présenté en manuscrit au Concours des Antiquités nationales de 1853, y obtint la troisième médaille. Voy. en tête du volume un extrait du rapport de M. Berger de Xivrey. Voy. aussi, sur cet ouvrage, un compte rendu signé H. d'A[rbois] de J[ubainville], inséré dans la *Bibliothèque de l'École des Chartes*, 4e série, t. Ier, 1855-56, p. 71-72, et le compte rendu publié par J.-J. Weiss dans la *Revue contemporaine*, 31 mai 1856, p. 738-739, réimprimé ci-dessus, p. 11.

7. — Les sœurs de charité à l'hôpital Saint-Jean d'Angers (Revue de l'Anjou et de Maine-et-Loire, 3e année, 1854, t. Ier, p. 205-216 ; — tirage à part, Angers, Cosnier et Lachèse, in-8°, 12 p. ; — réimprimé dans *Notes et notices angevines*, p. 84-96).

Lettres de Madame Legras et de saint Vincent de Paul (1633-1639).

8. — Le Jeu de Robin et Marion (Revue de l'Anjou et de Maine-et-Loire, 3e année, 1854, t. II, p. 119-124 ; — tirage à part, Angers, Cosnier et Lachèse, in-8°, 6 p.).

Lettres de rémission accordées en juin 1392 à un écolier d'Angers, Jehan Le Bègue, lequel « et cinq ou six autres escoliers, ses compaignons, s'en alèrent jouer par la ville d'Angiers desguisiez à un jeu que l'on dit "Robin et Marion".

9. — Lettres d'abolition pour François du Plessis, marquis de Jarzé [Au camp devant la Rochelle, septembre 1628] (Revue de l'Anjou et de Maine-et-Loire, 4e année, 1855, t. Ier, p. 109-112).

10. — Une charte de la Trinité de Vendôme [1058] (Revue de l'Anjou et de Maine-et-Loire, 4e année, 1855, t. Ier, p. 364-368).

11. — René Tardif, poète angevin [xve siècle] (Revue de l'Anjou et de Maine-et-Loire, 4e année, 1855, t. Ier, p. 375-384 ; — tirage à part, Angers, Cosnier et Lachèse, in-8°, 10 p.).

12. — Ancienneté de la mairie de Doué (Revue de l'Anjou et de Maine-et-Loire, 4e année, 1855, t. II, p. 121-122).

Lettre de Louis de Bourbon, duc de Montpensier, du 2 août 1560.

13. — Les fêtages du Chapitre de Saint-Maurice (Revue de l'Anjou et de Maine-et-Loire, 4e année, 1855, t. II, p. 123-128 ; — tirage à part, Angers, Cosnier et Lachèse, in-8°, 6 p.).

14. — Le roi des violons de Paris et les maîtres musiciens d'Angers (Revue de l'Anjou et de Maine-et-Loire, 4e année, 1855, t. II, p. 232-236 ; — tirage à part, Angers, Cosnier et Lachèse, in-8°, 5 p.).

15. — Le théâtre à Doué (Mémoires de la Société impériale d'agriculture, sciences et arts d'Angers, 2e série, t. VI, 1855, p. 128-135 ; — tirage à part, Angers, Cosnier et Lachèse, in-8°, 8 pages; — réimprimé dans *Notes et notices angevines*, p. 244-249).

Représentations théâtrales données dans l'amphithéâtre de Doué en 1634.

16. — L'Anjou historique, archéologique et pittoresque. — Recueil des sites et des monuments les plus remarquables sous le rapport de l'art et de l'histoire du département de Maine-et-Loire et des parties de la Sarthe et de la Mayenne comprises dans l'ancienne province de d'Anjou, dessinés par le baron de Wismes... et accompagnés d'un texte historique, archéologique et descriptif par M. le baron de Wismes et par MM. P. Belleuvre, E. Berger, etc... Nantes, Vincent Forest et Emile Grimaud, s. d., in-fol. Pagination distincte pour chaque notice.

Célestin Port a publié dans cet ouvrage la notice sur Trèves (2 p.) et celle sur Doué (6 p.).

17. — Les inondations dans le département de Maine-et-Loire, VIe siècle-1799 (Revue de l'Anjou et de Maine-et-Loire, 5e année, 1856, t. Ier, p. 360-374; — tirage à part, Angers, Cosnier et Lachèse, in-8°, 15 p.; — réimprimé dans l'*Annuaire statistique de Maine-et-Loire*, année 1857 (6 feuillets non paginés à la fin du volume), dans *Notes et notices angevines*, p. 260-281, et dans *Questions angevines*, p. 99-136).

18. — La pyramide de Sorges (Revue de l'Anjou et de Maine-et-Loire, 1856, t. II, p. 130-132; — tirage à part, Angers, Cosnier et Lachèse, in-8°, 3 p.; — réimprimé dans *Notes et notices angevines*, p. 256-259, et dans *Questions angevines*, p. 93-96).

Cette pyramide, qui a donné lieu aux légendes les plus diverses, a été élevée en 1743, sous la direction de l'architecte Louis Launay, pour constater l'achèvement de la grande levée de la Loire jusqu'à la limite de la banlieue d'Angers.

19. — L'Album angevin, journal du théâtre, de la littérature et des arts. Angers, Julien Lecerf.

Célestin Port a été rédacteur en chef de ce journal hebdomadaire, du 5 octobre 1856 au 29 mars 1857.

Il y a inséré, sous le titre général, *Le Bon vieux Temps*, trois articles : I. *L'Andouille des avocats* (19 octobre 1856) ; II. *Les Fleurs* (16 novembre 1856) ; III. *Les Légendes angevines : la Sainte et le Charbonnier* (17 janvier 1857) ; — sous celui de *Les Sciences et les Arts à Angers*, un article sur *le Jardin botanique d'Angers* (2 novembre 1856) ; — dans le n° du 15 février 1857, un article intitulé : *Promenade le long des archives départementales*.

A côté de ces articles, qui renferment un certain nombre de renseignements historiques présentés sous une forme littéraire, Célestin Port a publié dans l'*Album angevin* plusieurs chroniques théâtrales (5 octobre, 2, 9, 16, 23 et 30 novembre, 7 décembre 1866), des articles de critique littéraire et une douzaine de poésies : l'*Écho* (5 octobre 1856) ; *Sur le boulevard, idylle* (26 octobre) ; *le Portrait de mon amie* (2 novembre) ; *la Saint-Martin* (23 novembre) ; *Attente* (30 novembre) ; *Sursum corda* (7 décembre) ; *la Fiancée du pêcheur* (14 décembre) ; *Revue de la Semaine* (4 janvier 1857) ; *Souvenir* (25 janvier) ; *A une fille sans cœur* (1er février) ; *Déception* (15 mars) ; *Souvenir de noce* (22 mars).

Dans le numéro du 29 mars 1857, il prenait en ces termes congé de ses lecteurs :

« Et maintenant, ami lecteur, adieu — oui, adieu.

« Voici bien six mois, n'est-ce pas ? que nous conversons ensemble et que, chaque dimanche, à ton heure, je t'apporte mes quatre pages, archéologie, musique, critique ou fantaisie, vers ou prose, sous un nom ou sous un autre, suivant le hasard du jour et le caprice de la semaine. J'y allais de bon cœur et sans grand scrupule, te causant à demi-voix comme à un ami la joie, la peine, trompant les heures, cherchant l'oubli. — Pourtant adieu. J'entends en moi quelque chose qui se plaint et murmure. Des études plus austères m'appellent, des devoirs plus sérieux que je ne veux pas encore répudier — qui sait ? des espérances plus hautes, et de ces tentations qui souffrent de tant de hâte et demandent tous les loisirs. — Au moins, au départ, laisse-moi me rendre ce témoignage que je t'ai respecté, et que la plume que j'abandonne n'a servi qu'à maintenir des traditions d'indépendance et d'honnêteté.

« Et toi, mon petit *Album*, ne crains pas, non, ne crains pas que je t'oublie. »

20. — Brevets d'invention octroyés par Henri IV et Louis XIII (Bulletin de la Société industrielle d'Angers et du département de Maine-et-Loire, 28e année, 2e série, t. VIII, 1857, p. 330-332).

Brevet d'invention pour un engin propre à lever les fardeaux (4 décembre 1599); — Brevet d'invention pour un moulin à farine (1er août 1621).

21. — Nouvelle biographie générale depuis les temps les plus reculés jusqu'à nos jours... publiée par **MM.** Firmin Didot frères, sous la direction de M. le Dr Hœfer. Paris, Firmin Didot frères, 1857-1866, 47 vol. in-8° à 2 col.

Célestin Port a donné à la *Nouvelle Biographie générale* un certain nombre d'articles qui lui avaient été demandés par Vallet de Viriville, un des directeurs de la publication. J'ai relevé sa signature au bas des articles suivants :

Tome VIII (1858) : Foulques Ier, Foulques II, Foulques III, Foulques IV, Foulques V, comtes d'Anjou (col. 298-306).

Tome XIX (1858) : Galiczon (Gatien de) (col. 237-238); Gaultier (René) (col. 668-669).

Tome XX (1858) : Geoffroy Ier, Geoffroy II, Geoffroy III, Geoffroy IV, comtes d'Anjou (col. 6-11).

Tome XXI (1858) : Grandet (col 637-639).

Tome XXII (1859) : Grille (col. 51-54); Grimaudet (col. 84-85); Guyet (Lezin, Martial et François) (col. 928-929).

Tome XXIV (1861) : Hiret (col. 791).

Tome XXV (1861) : Hommey (Jacques) (col. 67-68); Ingelger (col. 858-860).

Tome XXVIII (1861) : La Fons (Jacques de) (col. 759-760); La Gallissonnière (Comte de) (col. 814); La Guesnerie (Charlotte Marie-Anne Charbonnier de) (col. 869).

Tome XXIX (1862) : Lanoue (Jeanne de) (col. 483-484); La Pinelière (Guérin de) (col. 527-528).

Tome XXX (1862) : Lecorvaisier (col. 240-241); Lefebvre (Tannegui) [2 art.] (col. 307-312); Legangneur (col. 372); Le Gouvello (col. 413-414); Le Gouz de la Boullaye (col. 414-417); Leloyer (col 545-548); Le Peletier (Dom Laurent) (col. 831-832).

Tome XXXI (1862) : Livonnière (Claude, Claude Gabriel et Jean-André Pocquet de) (col. 398-400); Louet (col. 743).

Tome XXXIV (1862) : Maugin (col. 352-353).

Tome XXXV (1865) : Milleran (René) (col. 527-528).

Tome XXXVI (1865) : Montjean (René de) (col. 308).

22. — Privilège octroyé par le roi Louis XIV pour des recherches minéralogiques en Anjou (Bulletin de la

Société industrielle d'Angers et du département de Maine-et-Loire, 29e année, 2e série, t. IX, 1858, p. 29-30).

23. — Note sur les Lagouz, artistes angevins des XVIe et XVIIe siècles (Bulletin de la Société industrielle d'Angers et du département de Maine-et-Loire, 29e année, 2e série, t. IX, 1858, p. 81-82 ; — tirage à part, Angers, Cosnier et Lachèse, in-8°, 2 p.).

24. — Entrée de François Ier à Angers, le 5 juin 1518, et cavalcade reproduisant cette fête (juin 1858). Angers, Cosnier et Lachèse, 1858, in-8°, 16 p.

Signé : C. P.

25. — Les tremblements de terre dans le département de Maine-et-Loire [VIe siècle-1799] (Annuaire statistique de Maine-et-Loire, année 1858, p. XXXII-XXXVI ; — tirage à part, Angers, Cosnier et Lachèse, in-8°, 8 p. ; — réimprimé dans la *Revue de l'Anjou*, 10e année, t. XX, 1878, p. 550-561 ; — reproduit dans *Notes et notices angevines*, p. 282-293, et dans *Questions angevines*, p. 137-154).

Dans l'*Annuaire de Maine-et-Loire* et dans le tirage à part, la notice sur les tremblements de terre est précédée d'une notice de trois pages sur les Archives départementales de Maine et-Loire.

26. — Société industrielle d'Angers et du département de Maine-et-Loire. — Exposition quinquennale agricole, industrielle et artistique de 1858. — 2e division : Industrie ; 8e section : Imprimerie, lithographie, carrosserie, arts divers. Angers, s. d. [1858], in-8°, 23 p. (Extrait du Compte-rendu général de l'Exposition de 1858. Angers, impr. Cosnier et Lachèse).

Rapport signé : Célestin Port.

27. — Documents sur l'histoire du théâtre à Angers et sur le véritable auteur du *Mystère de la Passion* (Bibliothèque de l'École des Chartes, 5e série, t. II, 1860-1861, p. 69-80).

28. — Histoire de France, depuis les temps les plus anciens jusqu'à nos jours, d'après les documents originaux et les monuments de l'art de chaque époque, par MM. Henri Bordier et Édouard Charton. Paris, aux bureaux du Magasin pittoresque, 1859, 2 vol., gr. in-8° à 2 col., VIII-592 et VI-598 p.

On lit à la page 392 du tome second de cet ouvrage : « Nous devons à M. Célestin Port, archiviste du département de Maine-et-Loire, le récit qu'on vient de lire des faits politiques du règne de Louis XV, ainsi que ceux des règnes de Henri IV et de Louis XIII. »

Les parties traitées par Célestin Port occupent, dans le tome II, les pages 92 à 215 et 348 à 392.

Une nouvelle édition de l'*Histoire de France*, de Bordier et Charton, complétée et mise à jour par M. G. Ducoudray, est actuellement en cours de publication chez Montgredien et Cie, Librairie illustrée, 8, rue Saint-Joseph. Les livraisons publiées jusqu'à ce jour paraissent reproduire presque sans modifications le texte de la première édition.

29. — Inventaire analytique des Archives anciennes de la mairie d'Angers (Revue de l'Anjou et de Maine-et-Loire, 3e série, 1re année, 1861, t. II, p. 489-496).

30. — Inventaire analytique des archives anciennes de la mairie d'Angers, suivi de tables et de documents inédits, publié sous les auspices du Conseil municipal. Paris, Dumoulin ; Angers, Cosnier et Lachèse, 1861, gr. in-8°, XIII-628 p.

Cet ouvrage a obtenu un rappel de médaille au Concours des Antiquités nationales, en 1861. Voy., sur ce concours, le rapport de M. Alfred Maury (*Bibliothèque de l'École des Chartes*, 5e série, t. II, 1861-1862, p. 561).

31. — Notice sommaire sur l'hôtel de Pincé, dit hôtel d'Anjou (Revue de l'Anjou et de Maine-et-Loire, 3e série, 1re année, 1861, t. II, p. 27-33 ; — tirage à part, Angers,

Cosnier et Lachèse, in-8°, 7 p. ; — réimprimé dans *Notes et notices angevines*, p. 250-255, et dans *Questions angevines*, p. 83-92).

32. — Sur les archives civiles du département de Maine-et-Loire antérieures à 1790 (Bulletin de la Société industrielle d'Angers et du département de Maine-et-Loire, 34e année, 3e série, t. IV, 1863, p. 314-324).

33. — Inventaire sommaire des Archives départementales antérieures à 1790. — Maine-et-Loire.

Archives civiles, t. Ier. Paris, Durand, 1863, in-4°. — Introduction, XIII p. — Série A, 2 p. — Série B, non publiée. — Série C, 24 p. — Série D, 5 p.

Archives civiles, t. II. — Série E, t. Ier [E 1-4169]. Angers, Lachèse, Belleuvre et Dolbeau, 1871, in-4°, 472 p.

Archives civiles, [t. III]. — Série E, t. II [E 4170-4426. — E supplément : Arrondissement d'Angers]. Angers, Lachèse et Dolbeau, 1885, in-4°, 436 p.

Archives civiles, t. IV. — Série E, t. III [E supplément : Arrondissements de Baugé et de Cholet]. Angers, Lachèse et Dolbeau, 1898, in-4°, 472 p.

Archives civiles, t. V. — Série E, t. IV [E supplément : Arrondissement de Saumur]. — *En cours d'impression* (18 feuilles tirées).

Archives ecclésiastiques. — Série G. Clergé séculier. Angers, Lachèse et Dolbeau, 1880, in-4°, 333 p.

Archives ecclésiastiques. — Série H. Clergé régulier, t. Ier [H 1-1832]. Angers, Lachèse et Dolbeau, 1898, in-4°, 276 p.

Célestin Port a laissé en manuscrit la copie, presque entièrement préparée pour l'impression, de l'inventaire du fonds de l'abbaye de Saint-Florent de Saumur, qui doit former le tome II de l'inventaire de la série H.

Il laisse également en manuscrit l'inventaire des archives des communes des arrondissements de Saumur et de Segré.

34. — Lettre à S. Exc. M. le Ministre de l'Instruction publique sur les travaux de Biardeau, suivie de documents inédits relatifs à ce sculpteur [1671] (Revue des Sociétés savantes des départements, 3e série, t. III, année 1864, 1er semestre, p. 85 110 ; — réimprimé sous le titre de « Documents inédits sur le sculpteur Biardeau » dans le Bulletin de la Société industrielle d'Angers et du département de Maine-et-Loire, 35e année, 3e série, t. V, 1864, p. 97-107 ; — tirage à part, Angers, Cosnier et Lachèse, 1864, in-8°, 30 p.)

35. — Dictionnaire des communes de la France, par Adolphe Joanne, avec la collaboration d'une Société d'archivistes, de géographes et de savants. Paris, Hachette, 1864, in-8° à 2 col., CLX-2272 p. — Dictionnaire géographique, administratif, postal, statistique, archéologique, etc., de la France, de l'Algérie et des colonies, par Adolphe Joanne ; 2e édition, entièrement revisée et considérablement augmentée. Paris, Hachette, 1869, gr. in-8° à 2 col., CLXXXVIII-2555 p.

Il existe de la seconde édition un tirage de 1872.
Célestin Port a rédigé dans ce dictionnaire les articles relatifs au département de Maine-et-Loire.

36. — Prologue pour l'inauguration à Angers, le 4 novembre 1865, du théâtre Auber. Angers, Lemesle, 1865, in-8°, 8 p.

37. — Vercingétorix. Angers, Lachèse, Belleuvre et Dolbeau, s. d. [1865], in-8°, 16 p.

Poésie, avec dédicace : A mon maitre et plus que maitre Jules Quicherat. — Angers, 4 août 1865.

38. — Les perrayeurs d'Angers (L'École, Revue de l'Instruction populaire, 1re année, n° 3, 27 janvier 1867, p. 19-23).

39. — Correspondance et extraits concernant la réception de Marie Stuart à Angers [1548] (Revue des Sociétés savantes des départements. 4e série, t. V, année 1867, 1er semestre, p. 89-92).

40. — Notes et notices angevines : les deux Bourdigné (Revue historique, littéraire et archéologique de l'Anjou, 1re année, t. Ier, 1867, p. 62-66 ; — réimprimé dans le *Dictionnaire historique, géographique et biographique de Maine et-Loire*, t. Ier, p. 445-447).

41. — Notes et notices angevines : Le *Te Deum* des notaires d'Angers [3 octobre 1729] (Revue historique, littéraire et archéologique de l'Anjou, 1re année, t. Ier, 1867, p. 137-141 ; — reproduit dans *Notes et notices angevines*, p. 1-5 [1]).

Te Deum et réjouissances à l'occasion de la naissance du Dauphin.

42. — Cahier du tiers état de la sénéchaussée de Saumur aux États généraux de 1614 (Revue historique, littéraire et archéologique de l'Anjou, 1re année, t. Ier, 1867, p. 203-210 ; — reproduit dans *Notes et notices angevines*, p. 6-13).

43. — Pillage de l'abbaye Saint-Florent, près Saumur, en 1562 (Revue historique, littéraire et archéologique de l'Anjou, 1re année, t. Ier, 1867, p. 262-271 ; — reproduit dans *Notes et notices angevines*, p. 14-23).

44. — La bibliothèque de l'Université d'Angers (Revue historique, littéraire et archéologique de l'Anjou, 1re année, t. Ier, 1867, p. 342-355 ; — reproduit dans *Notes et notices angevines*, p. 24-37).

Statuts de la Librairie commune de l'Université (1431).

(1) Les articles insérés par Célestin Port dans la *Revue de l'Anjou*, de 1867 à 1879, ont été réunis pour former le volume intitulé *Notes et notices angevines* (Voy. *infra*, n° 90). La composition typographique qui avait servi pour la *Revue* a été utilisée pour ce volume.

45. — Le roi de la Basoche d'Angers [1498, 1602] (Revue historique, littéraire et archéologique de l'Anjou, 1re année, t. Ier, 1867, p. 416-420 ; — reproduit dans *Notes et notices angevines*, p. 38-42).

46. — Rapport [par M. Ch. Jourdain] sur divers documents relatifs à l'histoire de l'instruction publique communiqués par MM. Célestin Port, correspondant à Angers, et Henri Beaune, substitut du procureur général à Dijon, et texte de ces communications (Revue des Sociétés savantes des départements, 4e série, t. VII, année 1867, 2e semestre, p. 194-202).

Le rapport de M. Jourdain renferme l'analyse et d'abondants extraits des lettres adressées, au cours des années 1592, 1594 et 1595, à M. Christophe Milsonneau, sieur des Baraudières, avocat à Saumur, par l'un de ses beaux-fils, François Bourneau, étudiant à Bordeaux, puis à Toulouse.

47. — Collection des Guides-Joanne. — De Paris à Agen, par Vierzon, Châteauroux, Limoges et Périgueux, itinéraire descriptif et historique par Célestin Port, archiviste du département de Maine-et-Loire, illustré de 66 vignettes, par Hubert Clerget et Thorigny. Paris, Hachette, 1867, in-8° IV-414 p.

« Remerciez pour moi l'aimable auteur de *Paris à Agen*, écrit George Sand à Adolphe Joanne (Nohant, 29 avril 1867). Il a vu en artiste et en ami mon doux pays de la Creuse. Je suis touchée de sa sympathie pour Gargilesse et pour moi. »

48. — Petit inventaire des archives départementales de Maine-et-Loire [séries A et E] (Annuaire statistique de Maine-et-Loire, année 1868, p. 397-420 ; année 1869, p. 405-430 ; année 1870, p. 401-420 ; — tirage à part, Angers, Lachèse, Belleuvre et Dolbeau, in-8°, 48 p.; deux fascicules (p. 1-24, 25-48).

Cet inventaire numérique des archives de Maine-et-Loire comprend les séries A à D, et la série E, de la cote E 1 à la cote E 907.

49. — Les enfants de France à Fontevrault [1738-1751] (Revue historique, littéraire et archéologique de l'Anjou, 1re année, t. II, 1868, p. 67-78 ; — reproduit dans *Notes et notices angevines*, p. 43-54 ; — réimprimé dans *Questions angevines*, p. 217-237).

50. — Lettres d'un lieutenant du régiment de Montmorin (Revue historique, littéraire et archéologique de l'Anjou, 1re année, t. II, 1868, p. 149-159 ; — reproduit dans *Notes et notices angevines*, p. 55-65).

Lettres de Gilles-Joseph Dufour du Vau, lieutenant à l'armée de Flandre (1746-1747).

51. — Le médecin des pauvres [1450-1455] (Revue historique, littéraire et archéologique de l'Anjou, 1re année, t. II, 1868, p. 233-239 ; — reproduit dans *Notes et notices angevines*, p. 67-73).

52. — Livres et manuscrits (Revue historique, littéraire et archéologique de l'Anjou, 1re année, t. II, 1868, p. 317-326 ; — reproduit dans *Notes et notices angevines*, p. 74-83).

Recueil d'homélies exécuté au XIe siècle pour Agnès de Bourgogne, comtesse d'Anjou ; — Missel écrit en lettres de forme, légué en 1468 à l'abbaye de Saint-Aubin d'Angers par Pierre Trépigné, jadis prieur et, en dernier lieu, pensionnaire du prieuré-cure du Lion-d'Angers ; — Evangéliaire et épistolier avec miniatures exécuté, de 1470 à 1475, pour le chapitre de Saint-Laud d'Angers ; — Inscriptions en vers sur divers manuscrits angevins ; — Poursuites contre un livre protestant à Saumur, en 1648.

53. — Le siège de Rochefort-sur-Loire [1562] (Revue historique, littéraire et archéologique de l'Anjou, 1re année, tome II, 1868, p. 391-397 ; — reproduit dans *Notes et notices angevines*, p. 97-103).

54. — Les boulangers d'Angers (Revue historique, littéraire et archéologique de l'Anjou, 1re année, tome II,

1868, p. 462-471 ; — reproduit dans *Notes et notices angevines*, p. 104-113).

Statuts des maitres boulangers d'Angers (1544).

55. — Les Carmes patriotes (Revue historique, littéraire et archéologique de l'Anjou, 2ᵉ année, t. III, 1868, p. 69-70 ; — reproduit dans *Notes et notices angevines*, p. 114-116).

Certificat de patriotisme délivré par la mairie de la Rochelle aux religieux Carmes (18 janvier 1327, n. st.).

56. — Les stalles et les tapisseries de Saint-Pierre de Saumur (Revue historique, littéraire et archéologique de l'Anjou, 2ᵉ année, t. III, 1868, p. 231-243 ; — reproduit dans *Notes et notices angevines*, p. 117-136).

Comptes pour la façon des stalles de l'église Saint-Pierre de Saumur (1474-1478) ; — Comptes pour les tapisseries de la même église (1542) et description de ces tapisseries.

57. — *Quand même*, berquinade bretonne en un petit acte, par XXX (Revue historique, littéraire et archéologique de l'Anjou, 2ᵉ année, t. III, 1868, p. 271-288 ; — réimprimé à part, Angers, Lachèse et Cⁱᵉ, s. d. [1893], in-8°, 20 p.).

En vers.

58. — Questions angevines. — I. L'hôtel de Lancrau (Revue historique, littéraire et archéologique de l'Anjou, 2ᵉ année, t. III, 1868, p. 302-309 ; — reproduit dans *Notes et notices angevines*, p. 137-144 ; — réimprimé dans *Questions angevines*, p. 11-24).

Signale la confusion qui s'est produite entre les deux hôtels de ce nom, situés l'un et l'autre rue Saint-Michel.

59. — Questions angevines. — II. La Godeline (Revue historique, littéraire et archéologique de l'Anjou, 2ᵉ année, t. III, 1868, p. 378-385 ; — reproduit dans *Notes et notices* *angevines*, p. 145-152 ; — réimprimé dans *Questions angevines*, p. 24-35).

La Godeline, premier hôtel de ville d'Angers (1484-1529).

60. — [Documents relatifs à l'histoire des arts et des artistes en Anjou [1426-1566] (Revue des Sociétés savantes des départements, 4e série, t. VII, année 1868, 1er semestre, p. 277-289).

Marché passé avec Conrardin Chappelle, « ouvrier de menuiserie », par le prieur de l'hôtel-Dieu d'Angers pour la façon des stalles et des boiseries du chœur de son église (1426) ; — Compte pour la façon des stalles du chœur de l'église Saint-Pierre de Saumur (1474-1478) [Cf. *supra* no 56] ; — Dépenses faites pour les tapisseries de l'église de Saint-Pierre de Saumur (1542) [Cf. *supra* no 56] ; — Marché conclu avec un peintre angevin par le chapitre de Saint-Maimbeuf d'Angers pour représenter la légende de Saint-Saturnin (1566).

61. — Bibliothèque angevine. — I (1). Description d'Angers, par M. Péan de la Tuilerie, prêtre de Château-Gontier ; — Nouvelle édition, augmentée de notes critiques et de recherches historiques sur les rues, les hôtels et les principales maisons d'Angers, d'après les documents inédits des archives du département et de la mairie, par Célestin Port. Angers, Barassé, 1869, in-12, XIX-607 p. et un plan.

Voy., sur cet ouvrage, un compte-rendu de M. H. d'Arbois de Jubainville (*Bibliothèque de l'École des Chartes*, 6e série, t. V, 1869, p. 700-701).

Cf. dans le même volume, p. 720, un extrait du rapport de M. Ferdinand de Lasteyrie sur le Concours des antiquités de la France de 1869.

62. — Deux banquets (Revue historique, littéraire et archéologique de l'Anjou, 3e année, t. V, 1869, p. 53-63 ; — reproduit dans *Notes et notices angevines*, p. 153-163).

(1) La réimpression des *Antiquités d'Anjou*, par Jean Hiret, qui devait former le second volume de la *Bibliothèque angevine*, annoncée comme sous presse en 1881, n'a pas paru.

Dépenses du fêtage du Sacre d'Angers de l'année 1512 ; — Ordre du festin donné pour l'entrée de Gabriel Bouvery, évêque d'Angers, en juin 1542.

63. — Les Thesmophories de Blaison [1775-1777] (Revue historique, littéraire et archéologique de l'Anjou, 3e année, t. V, 1869, p. 341-353 ; — reproduit dans *Notes et notices angevines*, p. 164-177).

Réunion de huit amis qui s'assemblaient chaque mois pour discuter en commun des questions d'agriculture et d'économie politique ; — Programme des questions proposées pour 1776 et 1777.

64. — [Documents inédits des XVIe et XVIIe siècles] (Revue des Sociétés savantes des départements, 4e série, t. X, année 1869, 2e trimestre, p. 533-547).

Marchés concernant les travaux de fortification du château d'Angers (1592) ; — Extrait de l'inventaire des meubles de Marie de Médicis, provenant du chartrier de Milly-le-Meugon (1645).

65. — Dictionnaire historique, géographique et biographique de Maine-et-Loire. Angers, Lachèse, Belleuvre et Dolbeau, 1869-1878. 3 vol. gr. in-8° à 2 colonnes, LII-812, 776 et 763 p.

Un prospectus indiquant le plan de la publication avait été imprimé chez Barassé, en 1869. Les parties principales de ce programme ont été reproduites dans la *Bibliothèque de l'École des Chartes*, 6e série, t. V, p. 725-728.

Le *Dictionnaire historique de Maine-et-Loire* a obtenu une médaille au concours des Antiquités nationales, en 1874, et le 1er prix Gobert à l'Académie des inscriptions et belles-lettres, en 1877. Voy., sur ces concours, les rapports ou discours de M. de Longpérier (*Bibliothèque de l'École des Chartes*, t. XXXIV, 1873, p. 636 ; t. XXXV, 1874, p. 615-616, et de M. Ravaisson (même recueil, t. XXXVIII, 1877, p. 666-667, et ci-dessus, p. 48).

Voy. aussi, sur le même ouvrage, un compte-rendu de M. T[amizey] de L[arroque] (*Revue critique*, année 1874, 2e semestre, p. 274-280).

Des tirages à part, sur Hollande, à 25 exemplaires, avec mise en page spéciale, petit in-8°, ont été exécutés pour les articles suivants : J.-B. Leclerc et Leclerc-Thouin (16 p.) ; les Ponts-de-Cé (30 p.) ; le Puy-Notre-Dame (16 p.) ; René d'Anjou (24 p.); Saumur (77 p.); Thouarcé (16 p.); Vihiers (20 p.). Tous ces tirages à part, sauf le premier, se rapportent à des articles insérés dans le troisième volume du *Dictionnaire*.

66. — Questions angevines. — IV (1). Ogeron de la Boire (Revue historique, littéraire et archéologique de l'Anjou, 3e année, t. VI, 1870, p. 278-280; — reproduit dans *Notes et notices angevines*, p. 178-180; — réimprimé dans *Questions angevines*, p. 24-35).

Ogeron de la Boire, gouverneur de Saint-Domingue, mort le 31 janvier 1676, à Paris, en la paroisse de Saint-Séverin, né le 19 mars 1613, à Rochefort-sur-Loire, et non à la Bouère, en Jallais, comme le porte la plaque de marbre posée en 1864 dans l'église de Saint-Séverin.

67. — *Temps passé* (Revue historique, littéraire et archéologique de l'Anjou, 3e année, t. VI, 1870, p. 216-218).

Poésie.

68. — [Bulle de rémission, du 4 des nones de décembre 1545, du pape Paul III, en faveur de René Lemusson, prêtre du diocèse du Mans] (Revue des Sociétés savantes des départements, 5e série, t. Ier, année 1870, 1er semestre, p. 104-106).

69. — La Baumette (Revue historique, littéraire et archéologique de l'Anjou, 3e année, t. VI, 1870, p. 316-320; — réimprimé dans le *Dictionnaire historique, géographique et archéologique de Maine-et-Loire*, t. Ier, p. 230-231).

70. — Journal de Jacques Valuche [1607-1662] (Revue historique, littéraire et archéologique de l'Anjou, 3e année, t. VI, 1870, p. 331-341, 387-400; 4e année, t. VII, 1870, p. 122-133; — reproduit dans *Notes et notices angevines*, p. 181-216).

(1) Le n° III de cette série n'existe pas. Il devait sans doute être porté par le n° 74 qui a paru dans un autre recueil.

71. — Inventaire analytique des archives anciennes de l'hôpital Saint-Jean d'Angers, précédé d'une notice historique et suivi d'un cartulaire de cet hôtel-Dieu. Paris, Dumoulin ; Angers, Lachèse, Belleuvre et Dolbeau, 1870, in-4°, XXXII-166 p.

Inventaire, p. 1-104 ; — Documents, p. 105-166.
Voy., sur cet ouvrage, un compte-rendu de M. L. Delisle (*Bibliothèque de l'École des Chartes*, t. XXXI, 1870, p. 110-112).

72. — Cartulaire de l'hôpital Saint-Jean d'Angers, précédé d'une notice historique sur cet hôtel-Dieu. Paris, Dumoulin ; Angers, Lachèse, Belleuvre et Dolbeau, 1870, in-8°, 96-CLXXXIII p.

Tirage à part, à 100 exemplaires, dans un format différent, de l'introduction et des documents qui forment l'appendice de l'ouvrage précédent.

73. — Prologue pour l'inauguration du théâtre d'Angers (11 novembre 1871). Angers, Lachèse, Belleuvre et Dolbeau, 1872, in-8°, 8 p.

Pièce de vers.

74. — Questions angevines. — La belle Agnès (Mémoires de la Société académique de Maine-et-Loire, t. XXV, 1871, p. 1-8 ; — réimprimé dans *Notes et notices angevines*, p. 130-136, et dans *Questions angevines*, p. 1-10).

Curieux exemple de la déformation d'un fait historique par la légende.

75. — Questions angevines. — V. La Loire et ses affluents : la Vienne, le Thouet et l'Authion (Revue historique, littéraire et archéologique de l'Anjou, 4e année, t. VIII, 1872, p. 81-96 ; — reproduit dans *Notes et notices angevines*, p. 217-232 ; — réimprimé dans *Questions angevines*, p. 41-65).

Établit que, contrairement à l'opinion professée par Walckenaer, le cours de la Loire n'a pas changé entre Candes et les Ponts-de-Cé depuis les temps historiques.

76. — Les artistes peintres angevins, d'après les archives angevines (Revue des Sociétés savantes des départements, 5e série, t. III, année 1872, 1er semestre, p. 339-413 ; — tirage à part, Paris, Imprimerie nationale, 1872, in-8°, 75 p.).

Cf. *infra* le n° 78.
Voy., sur cette publication, un compte-rendu de M. T[amizey] de L[arroque], inséré dans la *Revue des Questions historiques*, t. XIV, 1873, p. 343-344.

77. — Marché passé par le chapitre de Montreuil-Bellay avec Christophe More pour la restauration des vitraux de l'église [2 mars 1511] (Revue des Sociétés savantes des départements, 5e série, t. V. 1873, 1er semestre, p. 93-94).

Les parties essentielles de ce marché sont données dans le rapport de M. Alfred Darcel sur la communication de M. Port.

78. — Les artistes angevins, peintres, sculpteurs, maitres d'œuvre, architectes, graveurs, musiciens, d'après les archives angevines (Revue historique, littéraire et archéologique de l'Anjou, 5e année, t. X, 1873, p. 373-392 ; 6e année, t. XI, 1873, p. 95-112, 236-251, 359-369 ; t. XII, 1874, p. 88-98, 241-249, 379 386 ; 7e année, t. XIII, 1874, p. 104-110, 178-184, 230-241 ; t. XIV, 1875, p. 103-112, 380-383 ; 8e année, t. XV, 1875, p. 105-107, 353-361 ; t. XVI, 1876, p. 113-123 ; 9e année, t. XVIII, 1877, p. 220-227, 338-348 ; 10e année, t. XIX, 1877, p. 112-120, 192-200, 300-312 ; t. XX, 1878, p. 345-352, 395-400, 445-448, 480-488 ; 11e année, t. XXI, 1878, p. 37-40, 198-200, 257-264 ; 12e année, t. XXIII, 1879, p. 50-56, 118-120 ; t. XXIV, 1880, p. 42-45, 156-163 ; — tirage à part, avec addition des articles Pomeau à Zagaroli (p. 255-319), avec l'en-tête : Société de l'Histoire de l'Art français, Paris, Baur ; Angers, Germain et Grassin, Lachèse et Dolbeau, 1881, in-8°, xx-329 p.).

Cf. *supra* le n° 76.

79. — Procès-verbal de la vente des meubles de Claude Gouffier, duc de Roannès, grand écuyer de France [septembre 1572] (Revue des Sociétés savantes des départements, 5e série, t. VII, année 1874, 1er semestre, p. 553-579).

La communication de M. Port est précédée, dans la *Revue des Sociétés savantes*, d'un rapport étendu de M. Alfred Darcel (p. 549-553), qui se termine ainsi : « A tous égards, le document adressé par M. Célestin Port est digne d'être publié dans la *Revue des Sociétés savantes*, puisqu'il nous donne un chapitre des mœurs à la fin du XVIe siècle, en même temps que le détail de l'ameublement d'un homme qui a marqué dans l'art par la protection qu'il lui a donnée ».

80. — Le Livre de Guillaume Le Maire (Collection de documents inédits sur l'histoire de France, publiés par les soins du Ministre de l'Instruction publique. Mélanges historiques, t. II, 1877, p. 187-569 ; — tirage à part, Paris, Imprimerie nationale, 1874, in-4°, 385 p.).

La différence entre la date du tirage à part du *Livre de Guillaume Le Maire* et celle du volume des *Documents inédits*, dont il est extrait, est la conséquence du long espace de temps qui s'est écoulé entre le commencement et l'achèvement de l'impression de ce volume de *Mélanges historiques*.

Voy., sur cette publication, un article de M. G. Monod (*Revue historique*, t. VI, 1878, p. 404).

81. — [Communication au sujet de débris de murs gaulois découverts à la Ségourie, près Beaupréau] (Bulletin de la Société nationale des Antiquaires de France, année 1875, p. 109-110).

82. — Antiquités trouvées à Saint-Ellier (Maine-et-Loire) (Revue des Sociétés savantes des départements, 6e série, t. III, année 1876, 1er semestre, p. 529-530).

Sépultures préhistoriques.

83. — *D'un amour à l'autre*, fantaisie en un acte, par *** (Revue historique, littéraire et archéologique de l'Anjou, 10e année, t. XIX, 1877, p. 163-179 ; — tirage à part, Angers, Germain et Grassin, in-8°, 16 p.).

84. — [Marque de potier gallo-romain, relevée sur une anse d'amphore trouvée à Saint-Cyr-sur-Dive] (Bulletin de la Société nationale des Antiquaires de France, année 1877, p. 179-180).

85. — L'inventaire et le chartrier de l'hôpital Saint-Jean d'Angers. Lettre à M. P. Marchegay, des Roches-Baritaud, par Célestin Port. Angers, Germain et Grassin, 1877, in-8°, 39 p.

Réponse à une brochure de M. Paul Marchegay intitulée : *Trois lettres à Messieurs les Administrateurs des hospices d'Angers, concernant le chartrier, le cartulaire et le fondateur de l'hôpital Saint-Jean l'Évangéliste.* Les Roches-Baritaud (Vendée), 1877, in-8°, 71 p.

86. — Questions angevines. — VI. Thomasseau de Cursay (Revue historique, littéraire et archéologique de l'Anjou, 10e année, t. XIX, 1877, p. 255-265 ; — tirage à part, Angers, Germain et Grassin, 1878, in-8°, 15 p. ; — reproduit dans *Notes et notices angevines*, p. 233-243 ; — réimprimé dans *Questions angevines*, p. 66-82).

« J'aborde une des mystifications les plus audacieuses et, quoique entreprise sans art, les mieux réussies qu'on puisse citer dans la littérature historique. La piste en a pourtant échappé jusqu'à ce jour aux dénicheurs de supercheries littéraires.... C'est une recherche curieuse et qui en vaut la peine ; car il s'agit de toute une famille de héros angevins, née tout d'un coup à la renommée et introduite sans autre enquête dans la tradition locale en plein siècle de scepticisme et de critique. »

87. — Statuts des quatre Facultés de l'Université d'Angers, 1464-1494. Angers, Lachèse et Dolbeau, 1878, in-8°, VI-75 p. et 4 dessins.

Les quatre dessins représentent : le sceau du Recteur (XVe siècle), le sceau du Recteur (XVIIe siècle), le sceau de la Faculté de théologie (XIVe siècle) et le sceau de la Faculté de médecine (XVIIe siècle).
Tiré à 200 exemplaires.

88. — [Inscription relevée sur une anse d'amphore, découverte près de l'église de Saint-Maimbeuf, à Angers]

(Bulletin de la Société nationale des Antiquaires de France, année 1879, p. 268).

89. — Questions angevines. — L'hymne *Gloria, Laus* (Revue historique, littéraire et archéologique de l'Anjou, 11e année, t. XXII, 1879, p. 1-13); — Encore l'hymne *Gloria, Laus.* Réponse à D. Chamard (même volume, p. 125-140); — Le dernier mot (même volume, p. 194); — tirage à part, Angers, Germain et Grassin, 1879, in-8°, 15 et 18 p.; — reproduit dans *Notes et notices angevines*, p. 294-322; — réimprimé, avec addition d'un *Petit post-scriptum* de 4 pages, dans *Questions angevines*, p. 238-286).

Sur l'attribution à Théodulfe de l'hymne *Gloria, Laus*, la *Revue de l'Anjou* a publié, dans le volume ci-dessus indiqué, deux articles de Dom Chamard : *L'hymne* Gloria, Laus. *Réponse à M. Port* (p. 57-70); *L'hymne* Gloria, Laus. *Réplique à M. Port* (p. 189-193). C'est à cette réplique que répond (p. 194) *Le dernier mot* de M. Port.

Cf. sur cette controverse : *Monumenta Germaniae historica*, *Poetarum latinorum medii aevi*, t. I, ed. E. Duemmler, 1881, in-4°, p. 439 ; — *Die Gedichte Theodulfs, Bischofs von Orléans.* Inaugural Dissertation... von Karl Liersch aus Guben; Halle, 1880, in-8°, 77 p.

90. — Notes et notices angevines. Angers, Germain et Grassin, 1879, in 8°, 324 p.

Tiré à 40 exemplaires.

Réunion, avec pagination continue, de trente notices insérées (sauf le n° 74) dans la *Revue de l'Anjou*. Voy. *supra* les nos 7, 17, 18, 25, 31, 41, 42, 43, 44, 45, 49, 50, 51, 52, 53, 54, 55, 56, 58, 59, 62, 63, 66, 70, 74, 75, 86 et 89. La composition de la *Revue* a été utilisée pour les articles insérés dans la nouvelle série de la *Revue* (années 1866 et suiv. ; imprimerie Barassé, puis Germain et Grassin). Les articles insérés dans les deux premières séries de la *Revue* (nos 7, 17, 18, 31 ; imprimerie Cosnier et Lachèse) et le n° 74 ont été composés à nouveau.

« C'est ici, comme après la moisson, une glane d'épis tombés et de fleurettes, que j'ai plaisir à relier en humble gerbe. Qu'elle s'en aille égayer un instant quelque foyer d'ami ou rappeler encore une fois à toute mémoire bienveillante un modeste souvenir. »

Voy., sur ce volume, un compte rendu de M. T[amizey] de L[arroque] (*Revue critique*, année 1879, 2e semestre, p. 54-56).

91. — *Mémoires de René Nepveu de La Manouillère, chanoine de l'église du Mans* (1759-1808), publiés et annotés par l'abbé Gustave Esnault (Revue historique, 4e année, t. IX, 1879, p. 205-209).

Compte rendu.

92. — *Registres des comptes municipaux de la ville de Tours*, publiés avec notes et éclaircissements par J. Delaville Le Roulx (Revue historique, littéraire et archéologique de l'Anjou, 12e année, t. XXIII, 1879, p. 213-216).

Compte rendu.

93. — *Mémoires de Saint-Simon*. Nouvelle édition, par A. de Boislisle (Revue historique, littéraire et archéologique de l'Anjou, 12e année, t. XXIV, 1880, p. 90-93).

Compte rendu.

94. — [Extrait baptistaire signé du nom de Jean Rocquelin, comédien du Roi, 13 décembre 1650] (Le Moliériste, t. Ier, 1880, p. 21).

95. — L'hiver en Anjou (Revue historique, littéraire et archéologique de l'Anjou, 12e année, t. XXIV, 1880, p. 169-205 ; — tirage à part, Angers, Germain et Grassin, 1880, in-8°, 39 p. ; — réimprimé dans *Questions angevines*, p. 155-216).

96. — Souvenirs d'un nonagénaire. Mémoires de François-Yves Besnard, publiés sur le manuscrit autographe, avec deux portraits de l'auteur d'après Bodinier et David d'Angers. Paris, Champion ; Angers, Lachèse et Dolbeau ; Le Mans, Pellechat, 1880, 2 vol. in-8°, XXII-363 et 385 p.

Voy., sur cette publication, les comptes rendus de MM. T[amizey] de L[arroque] (*Revue critique*, année 1880, 2e semestre, p. 430-434), A. de Villiers (*Revue de l'Anjou*, nouvelle série, t. II, 1881, p. 56-59), A. Gazier (*Revue historique*, t. XXI, 1882, p. 193-194), et de Dom Piolin (*Revue des Questions historiques*, t. XXIX, 1880, p. 679-680).

97. — *Histoire de Sablé*, par Gilles Ménage. Nouvelle édition, publiée, annotée et rectifiée par Célestin Port et l'abbé Gustave Esnault. Le Mans, Edmond Monnoyer.

Il n'a paru que le prospectus (4 pages in-8°, 1880) de cette réédition, qui devait former quatre volumes in-8°, M. l'abbé Esnault ayant été empêché de fournir, pour le Maine, sa part de collaboration.

98. — [Délibération de la municipalité d'Angers, au sujet d'une représentation à Angers du *Médecin malgré lui*, 12 brumaire an II-2 novembre 1794] (Le Moliériste, t. II, 1881, p. 94).

« L'agent municipal dit qu'hier, étant au spectacle, il a vu avec peine qu'on y a joué une pièce intitulée *Le Médecin malgré lui*, pièce absolument immorale. Il observe que, dans un instant où les mœurs sont à l'ordre du jour, il est du devoir des magistrats du peuple de ne pas souffrir que de pareilles pièces soient jouées; qu'ils doivent, au contraire, veiller à ce qu'on ne joue que des pièces patriotiques, dont le théâtre fourmille en cet instant. »

99. — *L'Université d'Angers du XV*e *siècle à la Révolution française*. T. Ier. *Faculté des droits*, par L. de Lens (Revue historique, 6e année, t. XVII, 1881, p. 170-174).

Compte rendu.

100. — Découvertes d'objets antiques à Angers. Communication de M. Célestin Port, membre non résidant du Comité, à Angers. Rapport de M. R. de Lasteyrie, membre du Comité (Revue des Sociétés savantes des départements, 7e série, t. VI, 1882, p. 439-440).

La communication de M. Port, qui énumère un certain nombre d'objets de divers âges trouvés, à la fin de l'année 1880, dans des fouilles faites à l'ancien couvent des Jacobins d'Angers, est résumée dans un rapport de M. de Lasteyrie qui reproduit, notamment, l'inscription de la première pierre du couvent, posée en 1640, par Matthieu de La Lande, prévôt général et provincial d'Anjou, et deux marques de potiers gallo-romains.

101. — [Molière et Cotin] (Le Moliériste, t. IV, 1883, p. 363-364).

Produit, à propos d'une controverse engagée dans le *Moliériste*, au sujet du personnage de Trissotin, un sonnet de l'abbé Cotin, inséré dans la *Ménagerie* de cet auteur.

102. — L'opinion des maistres d'œuvres de Tours que maistre Michiel Coulombe envoya à Monseigneur [l'abbé de Saint-Florent de Saumur], en ce comprins le cherpantier, maistre d'œuvrez de la cherpenterie de Gisieulx [1496] (Ministère de l'Instruction publique et des Beaux-Arts. Direction des Beaux-Arts. Réunion des Sociétés des Beaux-Arts des départements à la Sorbonne, du 28 au 30 mars 1883 ; 7e session, p. 103-119).

103. — [Mention, en 1644, de la suppression d'un dolmen troué en l'église de Saint-Jean du Marillais] (Bulletin de la Société nationale des Antiquaires de France, année 1884, p. 76).

104. — Questions angevines. Première série. Angers, Lachèse et Dolbeau ; Paris, Lechevalier, in-18, 1884, IV-288 p.

Réimpression des études indiquées ci-dessus sous les nos 17, 18, 25, 31, 49, 58, 59, 66, 74, 75, 86, 89 et 95.

« Les études que je rassemble en ce premier recueil ont paru primitivement, l'une après l'autre, à distances inégales, dans la *Revue d'Anjou*, la plupart avec tirages à part, depuis longtemps épuisés. Je les ai réimprimées dans mes *Notes et notices angevines*; mais ce volume de regain, que j'aurais eu plaisir à voir se répandre, a été tiré, par malentendu, à si petit nombre qu'on le peut bien dire inédit, là même où je l'aurais voulu retrouver en pleine lumière. Je les reprends de troisième main en leur souhaitant, aujourd'hui, fortune meilleure... »

Voy., sur ce volume, un compte-rendu de M. T[amizey] de L[arroque] (*Revue critique*, année 1884, 2e semestre, p. 77-79).

105. — [Découvertes archéologiques faites en 1884 aux environs du bourg de Monceau-Vivy, près de Saumur] (Bulletin de la Société nationale des Antiquaires de France, année 1885, p. 63-64).

Vivy, *Vetus Vicus*, emplacement présumé de la station *Robrica* de la carte de Peutinger.

106. — Ministère de l'Instruction publique et des Beaux-Arts. — Catalogue des manuscrits conservés dans les dépôts d'archives départementales, communales et hospitalières. Paris, Plon, 1886, in-8°, 534 p.

Célestin Port a rédigé dans ce volume la partie relative aux archives de Maine-et-Loire, p. 193-194.

107. — Prêt d'un roman de César en 1457 (Bibliothèque de l'École des chartes, t. XLVII, 1886, p. 694).

108. — La Vendée angevine. — Les origines. — L'insurrection (janvier 1789-31 mars 1793). Paris, Hachette, 1888, 2 vol. in-8°, XV-447 et 409 p.

Voy., sur cet ouvrage, les comptes rendus suivants : *Bibliothèque de l'École des Chartes*, t. L, 1889, p. 248-250 (A. de Barthélemy) ; *Bulletin critique*, 1889, p. 65-70 (P. Bonnassieux) ; *Revue critique*, 1888, 2e semestre, p. 236-238 (A. Chuquet) ; *Revue des Deux Mondes*, 3e période, t. XCII, 1889, p. 884-912 (E. Beaussire) ; *Revue historique*, t. XXXVII, 1888, p. 368-369 (Ch. Bémont) ; *Revue de l'Anjou*, t. XVIII, 1889, p. 61-98 (L. de La Sicotière) [Cf. le n° suivant] ; *Bibliographie catholique*, décembre 1888 (G. Gandy) ; *Revue de Bretagne et de Vendée*, novembre 1888 (P. Lanvern) ; *la Révolution française*, t. XV, 1888, p. 471-479, et, parmi les articles de journaux quotidiens : *le Petit Courrier* [*d'Angers*], 13 mai 1888 (M[arcel] M[orry]) ; *le Courrier de Saumur*, 6 juin 1888 (Eug. Bonnemère) ; *la République française*, 23 septembre 1888 (A. Debidour) et 7 janvier 1889 (Ch. Bigot) ; *l'Union de l'Ouest*, 31 août 1888 (E. Faligan) ; *la Justice*, 24 septembre 1888 (Santhonax [F.-A. Aulard]) ; *le Radical*, 19 février 1889 (A[rthur] C[héreau]) ; *le Progrès de Nantes*, 10 avril 1893 (G. S[afflet]) ; *le Temps*, 25 avril 1889 (A. Sorel).

109. — La Vendée angevine. — Les origines. — L'insurrection (janvier 1789-31 mars 1793). — Lettre à M. de

La Sicotière (Revue de l'Anjou. Nouvelle série, t. XVIII, 1889, p. 171-186; — tirage à part. Angers, Germain et Grassin, 1889, in-8°, 17 p.).

Réponse à un article de M. de La Sicotière inséré dans le même volume de la *Revue de l'Anjou*, p. 61-98, sous le titre de : *Etude historique et critique sur l'ouvrage de M. Port, la Vendée angevine.*

110. — Archives de Maine-et-Loire. Don de collections angevines. Angers, s. d. [1891], imprimerie Germain et Grassin, in-8°, 14 p.; réimprimé dans la *Bibliothèque de l'École des Chartes*, t. LII, 1891, p. 665-670.

Notice, sous forme de rapport au préfet de Maine et-Loire, en date du 10 août 1891, de la bibliothèque angevine, de la collection iconographique et des notes sur le département de Maine-et Loire donnés aux archives par Célestin Port (1,987 volumes ou brochures, 559 dessins, 1,013 gravures ou lithographies, 685 photographies, en tout 2,257 pièces, 34 boîtes de fiches et 30 cartons de notes sur l'histoire, la topographie et la biographie angevines).

111. — La légende de Cathelineau. — Ses débuts. — Son brevet de généralissime. — Sa mort (mars-juillet 1793), avec nombreux documents inédits et inconnus. Paris, Alcan, 1893, in-8°, 350 p.

Un chapitre de *la Légende de Cathelineau* a été imprimé dans la *Révolution française*, t. XXIV, 1893, 1er semestre, p. 97-112.

Voy,, sur cet ouvrage, les comptes rendus suivants : *Revue critique*, 1893, 1er semestre, p. 449-452 (T[amizey) de L[arroque]) ; *Revue historique*, t. LII, 1893, p 152-153 (G. Monod); *Revue des Questions historiques*, t. LIV, 1893, p. 347-349 (Denys d'Aussy) ; *Revue internationale de l'Enseignement*, 15 juillet 1893 (A. L.) ; *Revue politique et littéraire*, t. LI, 1893, 1er semestre, p. 785-792 (F.-A. Aulard) ; *la Semaine politique et littéraire*, 26 février 1893 (Gibrac) ; *l'Ouest artistique*, 15 mars 1893 (H. B[aguenier] D[esormeaux]) ; *Revue historique de l'Ouest*, mars 1893 (Saint-Léonard [H. Baguenier-Desormeaux]) ; *l'Intermédiaire de l'Ouest*, mars 1893 ; *Revue des provinces de l'Ouest*, avril 1893 (Léon Séché) : *l'Archiviste*, avril 1893 (H. Carré); et, parmi les articles de journaux quotidiens : *la République française*, 6 mars 1893 ; *le XIXe Siècle*, 13 mars 1893 (P. Ginisty); *le Monde*, 14 mars 1893 (O. Havard); *le Patriote de l'Ouest*, 4 mars 1893 (L. Narquet) ; *le Journal de Maine et-Loire*, 22 mars 1893 (J[ules] A[ndré]) ; *le Petit Cour-*

rier [*d'Angers*], 27 mars 1893 (M[arcel] M[orry]) ; *la Paix*, 12 mai 1893 (Dupray) ; *l'Univers*, 2 juin 1893 (A. Rastoul) ; *le Journal de Saint-Pétersbourg*, 6 juillet 1893; *la Vérité*, 11 juillet 1893 (d'Auteuil [A. Lecoy de La Marche]) ; *le Temps*, 30 août 1893 (C. B.) ; *le Courrier de la Vienne*, 30 janvier 1894 (G. d'Ajambuza).

Voy. encore : *Questions vendéennes ; Cathelineau généralissime de la grande armée catholique et royale* (13 mars-14 juillet 1793) ; *Réponse à M. Célestin Port*, par l'abbé E. Bossard, 1893, in-8° ; une lettre de Célestin Port dans la *Révolution française*, t. XXV, 1893, p. 564-565, et un article de l'abbé Bossard : « A nos contradicteurs » (*Revue des Facultés catholiques de l'Ouest*, 3e année, 1893-1894, p. 438-451. Joignez-y le livre récent : *Bonchamps et l'insurrection vendéenne*, par René Blachez, Paris, Perrin, 1902, in-18.

112. — Dictionnaire géographique et administratif de la France, publié sous la direction de Paul Joanne. Paris, Hachette, 1890 et suiv., in-4° (en cours de publication).

Célestin Port a rédigé dans ce dictionnaire une partie de l'article MAINE ET-LOIRE, t. IV, p. 2401-2408. Cf. *supra* n° 35.

113. — L'hôpital Saint-Jean [d'Angers] (Archives médicales d'Angers, 1re année, 1897, p. 243-246).

Avec un dessin représentant la vue intérieure de la salle Saint-Jean (XIIe siècle), aujourd'hui Musée archéologique.

114. — Fouilles de Méron (1897). — [Rapport au préfet de Maine-et-Loire, 4 août 1897] (Signé : C. Port, A. Michel, Ch. Urseau). Angers, impr. Lachèse et Cie, in-8°, 8 p. ; *planche*.

Rapport sur une découverte de ruines gallo-franques à Méron et sur les fouilles faites dans cette localité aux frais du Département.

L'exemplaire de ce rapport conservé dans la Bibliothèque des Archives départementales est accompagné de la correspondance, des comptes rendus et pièces de comptabilité relatifs à ces fouilles.

115. — République française. — Département de Maine-et-Loire. — Conseil général. — Deuxième session ordinaire de 1898. — Rapports du Préfet et procès-verbaux des séances du Conseil. Angers, Lachèse et Cie, 1898, in-8°, 1.086 p. — Deuxième session ordinaire de 1899... 1899, in-8°, 1.204 p. — Deuxième session ordinaire de 1900... 1900, in-8°, 1.014 p.

Le rapport annuel de l'archiviste du Département sur le service des Archives occupe, dans ces trois volumes, les pages 553-571 (année 1898), 615-633 (année 1899), 527-543 (année 1900). Il existe de ces trois rapports un tirage à part : Archives départementales. Rapport de l'archiviste du département (Signé : Célestin Port) ; 19 p., 19 p., et 17 p.

Les rapports antérieurs à 1898 n'ont pas été imprimés. Ils sont résumés sommairement dans le rapport présenté chaque année au Conseil général par le rapporteur du budget des Archives.

116. — Guide-Joanne. — Angers. — [Paris], Hachette, s. d. [1899], in-8°, 32 p.

Cette nouvelle édition du guide d'Angers a été revue par Célestin Port, qui avait déjà donné ses soins à l'édition précédente.

117. — Ministère de l'Instruction publique et des Beaux-Arts. — État général par fonds des Archives départementales. Ancien régime et période révolutionnaire. Paris, Picard, 1903, in-4°.

Célestin Port a rédigé dans ce volume, non encore distribué, la partie relative au département de Maine-et-Loire (col. 421-442).

INDEX DE LA BIBLIOGRAPHIE

(Les chiffres renvoient aux numéros de la Bibliographie)

Angers, imp. Germain et G. Grassin. — 14-.3

www.ingramcontent.com/pod-product-compliance
Ingram Content Group UK Ltd.
Pitfield, Milton Keynes, MK11 3LW, UK
UKHW021057260726
13994UKWH00002B/549